Raffaela Breitinger

Plötzlich in Indien

Reisetagebuch über einen sechswöchigen Aufenthalt in Nordwest Indien

Raffaela Breitinger

Plötzlich in Indien

Reisetagebuch über einen sechswöchigen Aufenthalt in Nordwest Indien

Reiseliteratur

Für die Menschen, die diese Reise für mich zu einem unglaublichen Erlebnis machten und mit denen ich eine wunderschöne Zeit in diesem außergewöhnlichen Land verbrachte, vor allem aber für Jaideep, Puna, Mum und Dad.

Für meinen Vater, der mich immer unterstützte und mir so viele Reisen ermöglichte.

Impressum

Bibliografische Information der Deutschen Nationalbibliothek:
Die Deutsche Nationalbibliothek verzeichnet diese Publikation in der Deutschen Nationalbibliografie; detaillierte bibliografische Daten sind im Internet über http://dnb.dnb.de abrufbar.

Herstellung und Verlag: BoD – Books on Demand, Norderstedt

ISBN: 9783755793007

VORWORT

Nach den zahlreichen unerfreulichen Vergewaltigungs-Schlagzeilen aus Indien, die Ende 2012 begannen und bis in die Gegenwart anhalten, konnte ich es nicht lassen, nach zehn Jahren meine alten Reisetagebücher aus dem Schrank zu holen und meinen eigenen sechswöchigen Aufenthalt in der Stadt Jalandhar (im Bundesstaat Punjab) im Jahre 2011 zu reflektieren. Zu der Entscheidung, die Erfahrung über meine ungewöhnliche Zeit in diesem fernen, uns fremden Land für andere Menschen niederzuschreiben, kam ich, da ich aufgrund der Berichte über die fehlenden Frauenrechte in Indien das Gefühl bekam, dass nur diese Facette des beeindruckenden Landes dargestellt wird. Den schönen Seiten, wie der reichhaltigen Kultur und der unglaublichen Gastfreundschaft seiner herzlichen Bevölkerung, wird hingegen nur wenig Beachtung geschenkt und genau davon möchte ich berichten.

Ich habe während meines Aufenthaltes in diesem Land vor allem wunderbare Freunde gefunden und einen Mann kennengelernt, der zu einem meiner besten Freunde, fast einem Bruder wurde. Der sich um mich kümmerte, als hätten wir uns immer gekannt, als wäre ich eine der wichtigsten Personen in seinem Leben. Der mich schätzte, respektierte und sich immer für meine Meinung interessierte. Ich bin bis heute dankbar, dass er in mein Leben getreten ist!

Das bedeutet nicht, dass ich den Ernst der Lage herunterspielen möchte, geschweige denn dass ich die Geschehnisse toleriere. Gewiss gibt es dort auch diese andere Art von Männern. Und es ist auch kein Geheimnis, dass Frauen in Indien wenige Rechte haben, von vielen Männern stark diskriminiert werden und es eine Veränderung dieser Zustände in naher Zukunft nicht im nötigen Umfang geben wird. Ich habe das selbst bei zwei prägenden und unangenehmen Erlebnisse auf meiner Reise zu spüren bekommen. Vielleicht habe ich auch erst aufgrund der schlimmen Schlagzeilen im Jahre 2012 realisiert, was für ein Glück ich in diesen Momenten hatte, dass mir nichts Schlimmes zu gestoßen war. Trotzdem finde ich diese Verallgemeinerungen nicht sinnvoll und bin bis heute froh, dass ich diese Reise unternommen habe, denn sonst hätte ich viel verpasst und wäre heute um eine große Erfahrung ärmer!

Es erscheint mir wichtig und ich hoffe, dass es mir mit diesem Reisetagebuch gelungen ist, die Hintergründe in diesem Land besser zu beleuchten, um die Menschen verstehen zu können, und nicht aufgrund der eigenen kulturspezifischen Perspektive vorschnell zu urteilen. Dabei beanspruche ich keine Allgemeingültigkeit. Es geht mir hier um meine Erfahrungen, Erinnerungen, Gedanken und Gefühle. Ich bin mir durchaus bewusst, dass viele Reisende andere Erlebnisse in diesem Land machten und machen. Doch ich will durch dieses Reisetagebuch betonen, dass Indien nicht nur das ist, was in den Fokus der Berichterstattung gestellt wird: Es gibt zahlreiche Probleme, aber rückblickend erinnere ich mich vor allem an die wunderbaren Seiten, die entdeckt werden sollten! Mir sind Menschen begegnet, die so viel Herz hatten, die mich aufnahmen, mir alles gaben, obwohl sie selbst nicht viel besaßen. Ich durfte ein Teil von alldem werden, wurde als Fremde unvergesslich herzlich in eine Familie aufgenommen, die mein Leben veränderte, ohne deren Existenz ich viel verpasst hätte!

Meiner Meinung nach wird gerade durch das Interesse an einer uns unbekannten Kultur und durch eine offene Begegnung mit dem anfänglichen Fremden ein produktiver Austausch ermöglicht, durch den beide Parteien wachsen, die eigene Kultur reflektieren und wodurch die bestehenden Umstände verändert werden können. Wenn wir immer nur das Schlechte in einer anderen Kultur sehen, verschließen wir die Augen für das Wunderbare, das Einmalige, das Atemberaubende! In keinem Land ist alles gut oder schlecht. Manchmal gibt es Probleme, vor denen niemand die Augen verschließen sollte, die auf keinen Fall ignoriert werden dürfen, doch aufgrund dieser Schwierigkeiten, sollten die schönen Seiten nicht in den Hintergrund rücken! Und wunderschöne Momente hatte ich eine Menge, weshalb ich sie an dieser Stelle gerne mit anderen Indien- und Reiseinteressierten teilen möchte. Es war jedoch nicht immer leicht, auch das möchte ich betonen. Gerade deshalb kann ich stolz sagen, dass ich an meinen Erfahrungen gewachsen bin, viel über mich gelernt habe und dass ich nicht die Person wäre, die ich heute bin, wenn ich sie nicht gemacht hätte!

Rückblickend erscheinen mir beim Lesen meiner Gedanken manche Ansichten und Handlungen etwas unüberlegt, doch ich wollte die Worte, die ich zu dieser Zeit niedergeschrieben hatte, nicht verändern. Ich denke, dadurch wäre viel Authentizität verloren gegangen, genauso wie die Leichtigkeit, die mich beim intensiven Kennenlernen dieser Kultur erfasste. Ich brachte meine Erfahrungen zum Teil mehr oder weniger durchdacht auf Papier. Sie waren für keine anderen Augen gedacht. Genauso unberührt wollte ich die Erinnerungen einer

21-jährigen belassen, die das erste Mal in ihrem Leben einen Kulturschock erlebt und zugleich feststellt, dass das Leben viele Kilometer von Zuhause entfernt ganz anders, aber trotzdem wunderschön sein kann. In der Hoffnung, dass es Menschen gibt, die durch meine Erlebnisse Lust bekommen, etwas Ähnliches zu unternehmen, das normale Leben hinter sich lassen und sich mit offenen Herzen von einer fremden Kultur verzaubern lassen, wenn auch informierter als ich dies tat. Dafür muss man nicht unbedingt nach Indien gehen. Ich glaube generell daran, dass jedes Land dazu fähig ist, uns in seinen Bann zu ziehen, wenn wir es nur zulassen und es entdecken wollen.

WARUM NACH INDIEN?

Ich werde oft gefragt, wie ich auf die Idee gekommen bin, nach Indien zu reisen: Ob es vielleicht ein langersehnter Kindheitstraum war, den ich mir mit dieser Reise endlich erfüllt hatte? Ob mich diese fremde Kultur und Religion schon immer faszinierten und ich deshalb schon seit vielen Jahren plante, eines Tages einmal in einem indischen Tempel Yoga zu machen und Bollywood-Filme im normalen Alltag zu erleben?

Um ganz ehrlich zu sein: Ich weiß es nicht! Es war nicht so, dass mich Indien nicht interessiert hätte! Es ist vielmehr so, dass ich niemals damit gerechnet hätte, dass es mich je in dieses faszinierende Land verschlagen würde. Selbst als mein Abreisedatum immer näher rückte, erschienen mir meine Pläne noch völlig surreal, und erst in dem Moment, als ich wahrhaftig in der indischen Airline saß, in die indischen Kochkünste hineinschnupperte und mich kaum in meinem viel zu kleinen Sitz bewegen konnte, wurde mir mit aller Kraft bewusst, dass es kein Zurück mehr gab! Dass ich mich auf ein unglaubliches Abenteuer eingelassen hatte, das mein Leben verändern würde! Aber im gleichen Moment hatte ich auch das unangenehme Gefühl, dass die folgenden Wochen nicht so einfach für mich werden würden, womit ich tatsächlich Recht behalten sollte.

Ich gebe zu, ab und an in meinem Leben bin ich eine kleine Rebellin gewesen. Ich glaube zumindest, dass man das so nennt, wenn jemand drei Tage nach dem Abitur alleine nach Spanien verschwindet, um dort Kellnerin aus Leidenschaft zu werden. Aus geplanten drei Monaten wurden 1 ½ Jahre, regelmäßiges nach hinten Verschieben meines Studiums und die panische Angst meiner Familie und Freunde, dass ich für immer dortbleiben würde, um für den Rest meines Lebens öffentliche Toiletten zu putzen. Selbst mein bester Freund war sich damals sicher, dass ich nicht mehr zurückkehren würde. 2010 fing ich doch an zu studieren: Spanisch und Deutsch auf Lehramt, 2014 ist dann auch noch Geschichte dazugekommen. Heute, mit meiner eigenen Familie und in der Arbeitswelt angekommen, vermisse ich trotzdem manchmal das unbekümmerte und freie Leben in einer anderen Kultur, die Intensivität des Kellner-Daseins und die wunderbaren Menschen, die man täglich von Neuem kennenlernt.

Diese Faszination für das Andersartige und der Wunsch, immer wieder Neues zu erleben, würde mein Fernweh erklären, welches mich ab und an vor allem während der kalten Wintermonate in Deutschland befällt, beantwortet jedoch immer noch nicht die Frage, warum es mich dabei ausgerechnet ins ferne Indien verschlagen hatte. Es fing eigentlich alles mit einer persönlichen Krise – bedingt durch meine Rückkehr aus Spanien – im Herbst 2010 an. In meinem Leben hatte sich alles von einem Tag auf den anderen radikal verändert, was mich ziemlich aus der Bahn warf. Dadurch bekam ich das mich ständig begleitende Gefühl, ganz weit weg zu müssen und etwas Verrücktes zu unternehmen, um nicht die ganze Zeit über alles, was so den lieben, langen Tag passierte, nachdenken zu müssen. Als ich mich mit dem Gedanken befasste, die ganzen Semesterferien Zuhause verbringen zu müssen und nichts zu tun zu haben, wurde mir bewusst, dass ich das nicht durchstände. Ich bin ein sehr aktiver Mensch! Ich habe in Spanien manchmal über 80 Stunden in der Woche gearbeitet, zwei Monate Zuhause zu sitzen, erschien mir wie eine grausame Ewigkeit, die niemals enden würde! Das klingt jetzt sehr dramatisch, aber in dem Moment empfand ich das so.

Also, was tun? Ich hatte tausende von spannenden Plänen im Kopf, zurückblickend waren alle ziemlich schwachsinnig und nicht realisierbar, deshalb möchte ich hier auch nicht weiter darauf eingehen. Doch dann kam DAS Angebot, auf das ich so lange gewartet hatte, welches mir damals wie meine Erlösung erschien. Eine Studentenorganisation hielt an meiner Uni einen Vortrag über Praktika im Ausland, besonders warben sie damit, dass man während der kalten Monate ins Warme gehen könnte. Das klingt jetzt bestimmt etwas oberflächlich und nicht gut durchdacht, aber für mich war das ein überzeugendes Argument, den kalten Winter in Deutschland umgehen zu können, innerhalb dieser 1 ½ Monate etwas Einmaliges zu erleben und mich vielleicht auch ein bisschen selbst zu finden, nachdem ich mich in den letzten Wochen verloren hatte.

Wenige Tage später schickte ich meine Bewerbung ab, mit dem Gedanken nach Lateinamerika zu gehen. Das war schon immer mein Traum gewesen! Um in Buenos Aires stehen zu können, hätte ich alles getan. Und da die Organisation noch mit vielen Angeboten in Asien warb, bewarb ich mich auch für diesen Teil des Programmes. Man sollte sich alle Türen offenlassen! Nur einen Plan A zu haben, das hatte mir noch nie gereicht! Trotzdem war ich mir ziemlich sicher, dass ich mich nach Weihnachten in Südamerika befände, und ich glaube, die meisten meiner Freunde dachten das gleiche. Wie wir uns doch irrten… Trotzdem war es gut so! Alles was passiert ist, egal wie chaotisch und unüberlegt es war, war im Endeffekt die richtige Entscheidung gewesen und ich bin im Nachhinein sehr froh, wie es gekommen ist! Und das obwohl ich zwischendurch oft einem Nervenzusammenbruch nahe war und bestimmt mehr als einmal daran gedacht hatte, alles noch am gleichen Tag abzubrechen.

Ende November hatte ich endlich die Auswahlverfahren und Vorbereitungskurse hinter mich gebracht und meine Dokumente wurden ins Internet gestellt, damit ich mich selbstständig bei den anderen Organisationen bewerben konnte und diese mich auf der riesigen Internetplattform auch finden konnten. Und an dieser Stelle kommt die Geschichte mit Indien ins Rollen. Ich gebe offen zu, ich und Technik sind zwei unterschiedliche Welten, die zu diesem Zeitpunkt wenige Überschneidungspunkte besaßen; und so ist es nicht verwunderlich, dass ich das Internetprogramm nicht verstand! Ich glaube, ich war die einzige, der es so ging, zumindest berichtete mir niemand Ähnliches.

Um diese Peinlichkeit nicht zugeben zu müssen, nahm ich die Situation so hin, wie sie war. Das bedeutete, die anderen Mitglieder konnten meine Daten im Internet sehen. Sie wussten, dass ich mich für das Unterrichten von Spanisch und Deutsch beworben hatte, aber ich schaffte es nicht, mich eigenständig bei den verschiedenen Praktika zu bewerben, geschweige denn die anderen Angebote einzusehen. Ich hätte mich bestimmt noch genauer informiert, wenn ich nicht gerade im Prüfungsstress gewesen wäre und wenige Tage später tatsächlich schon ein einmaliges Angebot aus Indien bekommen hätte, das verlockender nicht hätte klingen können. Ich wusste schon im ersten Moment, dass ich diesem Abenteuer nicht widerstehen würde.

Das war Anfang Dezember 2010 und ich war hin und weg. Es hieß, ich dürfte Spanischkurse in Jalandhar an der größten Privatuniversität Indiens geben. Es klang wie ein Traum! Wieso mir die Tatsache nicht suspekt vorkam, dass sie dort zwar Deutschkurse hatten, aber mich zuerst nicht als

Deutschlehrerin wollten, obwohl ich Muttersprachlerin war, das kann ich nicht mehr beantworten und auch meine Aufzeichnungen geben darauf keine befriedigende Antwort. Für mich stand trotzdem schnell fest: Meine neue Aufgabe war es, an einer Universität in Indien Spanisch zu unterrichten! Ich hatte wirklich das Gefühl, dass die Menschen dort niemand anderes außer ausgerechnet mich gesucht hatten, dass die Stelle nur ausgeschrieben worden war, damit genau ich darauf antworten würde. Als ich mich im Internet nach dem Wetter dort erkundigte, konnte es nicht besser sein: 24 Grad und Sonnenschein und das jeden einzelnen Tag der Woche. Ich war ziemlich beeindruckt und hatte das Gefühl, einen Sechser im Lotto zu haben.

Dass Jalandhar nur gut 100 Kilometer Luftlinie von der pakistanischen Grenze entfernt liegt und Inder und Pakistaner nicht unbedingt die beste Freundschaft pflegen, blendete ich neben allen möglichen alltäglichen Problemen völlig aus. Meine Familie und Freunde fanden das zwar schon erwähnenswert, aber ich sah mich schon in kurzen Sachen, mit einem roten Punkt auf der Stirn zwischen exotischen Pflanzen herumlaufen und in ländlicher Gegend täglich in wunderschönen Tempeln meditieren. Vor diesen heiligen Gebäuden lagen in meinen Tagträumen zahme Tiger, die sich nur allzu gerne von mir streicheln ließen. Ich gebe zu, ich hatte keinen blassen Schimmer, auf was ich mich da überhaupt einließ! Ich hatte nie zuvor Dokus oder Reportagen über Indien gesehen und eine völlig lächerliche und nicht stimmige Vorstellung von diesem Land, die durch meinen extremen Euphemismus nur noch surrealer wurde, aber das konnte ich in dem Moment noch nicht wissen… Im Endeffekt bin ich auch sehr froh, dass ich unvoreingenommen, wenn auch etwas naiv, in dieses fremde Land gereist bin. Ich hatte nicht einmal einen Indienreiseführer im Gepäck, obwohl mir etwas mehr Landeskunde bestimmt einige Probleme erspart hätte. Wobei das stimmt nicht ganz, ich hatte ein kleines Wörterbuch dabei, welches ich während des Fluges fleißig studierte. Aber Hindi ist nicht einfach und sich ein bisschen verständigen zu können, ist nicht alles. Trotzdem ist es manchmal viel spannender, neue Erfahrungen zu erleben, ohne alles genaustens zu planen! Abgesehen davon gebe ich zu, dass ich vielleicht nicht auf das Angebot eingegangen wäre, wenn ich mir ein realistisches Bild des indischen Alltags gemacht hätte. Und das wäre zurückblickend sehr schade gewesen!

Also sagte ich sofort zu (wenn es um Reisen geht, neige ich zu sehr euphorischen und manchmal auch unüberlegten Entscheidungen, was mein Leben komplizierter, aber im gleichen Moment auch unheimlich spannend macht) und meine Eltern hofften stark, dass ich es mir innerhalb der nächsten Wochen doch noch anders überlegen würde, dass noch etwas dazwischenkäme. Kann man es ihnen verübeln? Alle Hürden waren noch nicht überwunden, somit gab es für sie einen Funken Hoffnung, dass meine wenig durchdachten Pläne scheitern würden. Und sie schienen tatsächlich Recht zu behalten…

Es fing damit an, dass die englische Kommunikation aufgrund meiner vernachlässigten Englischkenntnisse nur schleppend voranging, aber ich wollte ja unbedingt weit weg und meine damalige Mitbewohnerin, die praktischerweise Englisch studierte, half mir bei der ein oder anderen Beantwortung der E-Mails aus Indien, damit meine Texte nicht ganz unprofessionell klangen. Es ging hier meiner Meinung nach auch nicht um meine Englischkenntnisse. Und dass ich den Unterricht auf Englisch halten müsste, kam mir nicht in den Sinn.

Ich begann schon mit den ersten Arztbesuchen, um mich gegen alles Erdenkliche impfen zu lassen, während ich immer noch weiter fleißig für meine bevorstehenden Prüfungen lernte und auf meine endgültige Zusage wartete. Alle

Impfungen waren geschafft, es war kurz vor Weihnachten und ich sollte am 5. Januar mit der Arbeit beginnen. Doch die Zuständigen in Jalandhar hatten mir immer noch nicht die endgültige Bescheinigung für das Praktikum zugesendet, weshalb mir alle davon abrieten, jetzt schon einen Flug zu buchen... Immerhin, auch wenn ich es nicht wahrhaben wollte, bestand immer noch die Möglichkeit, dass sie mir kurzfristig absagen würden.

Kurz vor Weihnachten, also nicht einmal zwei Wochen vor Arbeitsbeginn, schickten sie mir nach langem Drängen die sehnsüchtig erwarteten Papiere mit der endgültigen Zusage per E-Mail. Es schien alles sehr kurzfristig zu werden, aber es klappte, da war ich mir hundertprozentig sicher. Es musste klappen, denn dieses Mal gab es für mich keinen Plan B! Plan A war zu gut, um dafür eine Alternative zu finden!

Am 23. Dezember stand also mein Vater in München auf dem indischen Konsulat, um dort das heißbegehrte Visum für mich zu beantragen. Ich war so aufgeregt, konnte es immer noch nicht fassen, dass das alles wirklich passieren sollte, und genau das war das Problem. Es sollte nicht sein! Mein Antrag auf ein Visum wurde aufgrund fehlender Originale abgelehnt. Es gab keine Hoffnung darauf, dass sie es mir noch genehmigen würden, da zwei Wochen nicht reichen würden, um die Dokumente von Indien nach Deutschland zu schicken. Als mein Vater mich anrief, war ich den Tränen nahe, konnte es nicht fassen, dass mein Indien-Traum von einem Moment auf den anderen wie eine Seifenblase geplatzt war, als hätte es ihn nie gegeben.

Alle meine Freunde bekundeten mir zwar offen, dass es ihnen sehr leidtäte, und meinten, dass ich bestimmt etwas anderes fände, dass ich in meinen Semesterferien unternehmen könnte. Aber ich wusste, dass sie froh waren, dass alles noch einmal gut gegangen war und ich sicher in Deutschland bleiben würde. Ich verübelte es ihnen nicht, war aber trotzdem zu tiefst unglücklich mit dieser Entscheidung. Natürlich, Indien ist eine ganz andere Welt und jemanden, der so aussieht wie ich, blonde, lange Haare und sehr blass, konnte dort nur auffallen, was bestimmt auch negative Auswirkungen haben könnte. Aber es war mir egal! Ich war von der Idee völlig besessen, wollte unbedingt dorthin und in der Regel tue ich auch immer genau das, was ich mir in den Kopf gesetzt habe. Auch dieses Mal! Wo ein Wille ist, ist ja bekanntlich auch ein Weg!

Also fuhren wir am 27. Dezember noch einmal in das 400 Kilometer entfernte München und es passierte das, was niemand mehr nur im Geringsten für möglich hielt: Ich bekam mein langersehntes Visum und kaum war ich Zuhause, buchte ich meinen Flug ins Abenteuer. Da das für die Uni zuständige Team mir gesagt hatte, es wäre besser schon etwas früher zu kommen, verlegte ich meine Abreise auf den 1. Januar. Ich hatte also gerade noch vier Tage, bevor es endlich losgehen würde, der Count-Down konnte beginnen!

Wie bereits erwähnt, hatte ich mich reichlich schlecht auf meinen Auslandsaufenthalt vorbereitet. Zwei Tage vor dem Abflug machte ich mir das erste Mal darüber Gedanken, ob es an meinem Urlaubsziel Malaria geben könnte und wurde daraufhin so panisch, dass mir eine Verwandte, die dann auch in Panik verfiel, noch ein Moskitonetz besorgte. Ich begann im Internet Berichte über Indien zu lesen, was ich schon früher hätte tun sollen, und ich gebe ehrlich zu, dass ich Angst bekam, furchtbare Angst, und mich mehrmals schockiert fragte, wieso ich mich auf all das freiwillig eingelassen hatte. Spätestens als eine Bekannte mir erzählte, dass sie bereits in Indien war und dort schon Leichen auf der Straße gesehen hatte, war es vorbei. Meine Mitmenschen warnten mich vor Raubüberfallen, zu kurze Klamotten zu tragen, davor Wasser aus dem Wasserhahn zu trinken, vor der Armut und den unglaublichen

Kontrasten zu Deutschland. Doch ich tat sehr cool, ließ mir nicht anmerken, dass ich kurz davor war, laut schreiend wegzurennen und mich nur noch weinend in eine Ecke setzen wollte. Doch mir blieb nicht viel Zeit für Panik, die Tage vergingen rasend schnell und mein Stolz hätte es niemals zugelassen, im letzten Moment zu kneifen.

Am 31. Dezember waren alle meine Sachen gepackt. Ich feierte noch Silvester mit ein paar guten Freunden und war verdammt nervös vor der Abreise am nächsten Tag. In der Nacht vom ersten auf den zweiten Januar saß ich im Flugzeug, fassungslos, dass ich diesen großen Schritt wahrhaftig getan hatte, und konnte vor Aufregung und weil ich nicht im Geringsten wusste, was mich im fernen Jalandhar erwarten würde, nicht für einen einzigen Moment meine Augen schließen.

Wenige Stunden später kam ich in Neu-Delhi am Flughafen an und alles war völlig anders, als ich es mir in meinen kühnsten Träumen vorgestellt hatte. Indien kann man sich nicht vorstellen, Indien muss man erleben! Das war eine der ersten Lektionen, die ich am eigenen Leib erfahren musste.

Sonntag 2. Januar, Neu-Delhi

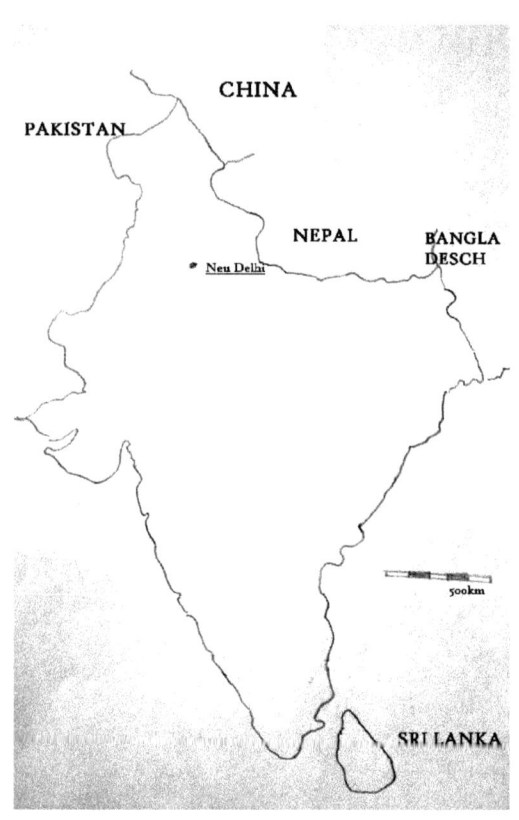

Es ist alles so verrückt! Meine Welt steht Kopf! Ich kann es immer noch nicht fassen, dass ich diesen großen Schritt wahrhaftig getan habe und jetzt alleine in Indien bin! Vielleicht ist alles auch nur ein verrückter Traum und ich wache in ein paar Stunden in meinem warmen Bett in Deutschland wieder auf… Wer weiß?! All diese neuen Eindrücke sind unglaublich surreal und real zugleich!

Eben habe ich ein kurzes Mittagsschläfchen gehalten, weil ich so erschöpft von der langen Reise war. Das Bett, in dem ich liege, ist ziemlich hart, trotzdem habe ich gut geschlafen. Ich war auch verdammt müde, wie Du Dir bestimmt vorstellen kannst. An Silvester habe ich nicht viel Schlaf bekommen und vom ersten auf den zweiten Januar auch so gut wie keinen, da ich im Flugzeug saß. Die Sitze der indischen Airline waren wahnsinnig klein und eng und ich war viel zu aufgeregt, um überhaupt schlafen zu können.

Warm ist es hier in Neu-Delhi nicht, ehrlich gesagt, sogar sehr kühl, wenn auch nicht so kalt wie in Deutschland. Zudem ist die Luftfeuchtigkeit so hoch, dass es einem viel kälter vorkommt. Das liegt vor allem daran, dass ich falsch angezogen bin. Aber wie konnte ich das ahnen? Laut dem deutschen Wetterbericht sollte er hier warm sein und immer die Sonne scheinen. Dem ist nicht so. Ich habe das eindringliche Gefühl, dass hinter der dicken Wolkenschicht gar keine Sonne existiert, das erklärt auch die unangenehme Kälte.

Aber zurück zu den spannenden Geschehnissen: Vor kurzem bin ich aufgewacht und Bemant ist weg! Seine Familie ist auch nicht da. Das Haus ist völlig leer. Ich höre kein Geräusch bis auf den permanenten Lärm, der unaufhörlich auf den Straßen tobt. Bemant und sein Vater hatten mich nach längerem Warten vom Flughafen abgeholt. Ich war froh, als sie endlich da waren und mich nicht mehr alle Menschen, inklusive

Flughafenpersonal, so ungeniert anstarrten. Das war sehr unangenehm!

Gut, ich muss zugeben, als ich da so stand, war ich ziemlich verblüfft über die Menschen um mich herum. Ich war vollkommen anders als sie, so etwas ist mir zuvor noch nie passiert. Blass war ich schon immer und blonder als die anderen auch, aber so sehr ist das nie ins Auge gestochen. Ich war immer eine normale, junge Frau unter vielen anderen, doch jetzt sah ich aus wie ein weißes Alien, passte überhaupt nicht in diese Welt, zu diesen Menschen. Man könnte meinen, ich wäre ausversehen auf einem anderen Planeten gelandet. Alle starten mich ununterbrochen interessiert an, bemerkten, dass ich total verloren war und nicht wusste, was ich als nächstes machen sollte. So stand ich zwei lange Stunden hilflos auf dem Flughafengelände, bis Bemant endlich auftauchte. Er fand mich sofort.. Es wäre nicht möglich gewesen, mich zu übersehen! Wir hatten zuvor schon telefoniert und ich hatte ihm gesagt, dass er mich sofort unter allen anderen erkennen wird: „I'm the funny person!" Und genauso war es! Mehr aufzufallen, als ich es tat, war nicht möglich!

Wir haben dann mit seinem Vater eine kleine Rundfahrt durch das riesige Neu-Delhi gemacht. Sie haben mir stolz ihre Heimatsstadt gezeigt und mich immer wieder gefragt, ob es in Deutschland auch so aussieht. „Ganz anders!", war meine verblüffte Antwort bei den massenhaft verwirrenden Eindrücken, die innerhalb so kurzer Zeit auf mich einströmten. Meine Augen konnten sich kaum sattsehen an dem Leben, das sich hier auf den Straßen abspielte, an dem riesigen Chaos, den massenhaften Menschen und dem ohrenbetäubenden Lautstärkepegel, der nur durch dicke Staubwolken gedämpft wurde. Es wirkte alles so irreal auf mich, als würde ich träumen, wäre heute Morgen gar nicht aufgewacht. Neu-Delhi ist wirklich beeindruckend und nicht vergleichbar mit Europa, mit überhaupt irgendetwas, das ich in den letzten 21 Jahren gesehen habe!

Ich war ziemlich verblüfft, als ich zum Beispiel einen klapprigen, alten Bus sah, der kurz davor war auseinander zu fallen und der einfach keine Türen hatte! Für alle war das vollkommen normal, als wären Türen in ihrer Welt überhaupt nicht notwendig! Sie sprangen während der Fahrt aus dem Bus, der nicht das Tempo verlangsamte, um den Insassen den Absprung zu erleichtern. Für mich war das unglaublich, doch Bemant antwortete mir nur grinsend: „Yeah, that's India!" Ich bin in einer anderen Welt, in einem anderen Universum gelandet. Alles ist total, total... Ja, was eigentlich? Ich kann es nicht beschreiben! Mir fehlen die Worte! Ich bin ziemlich verwirrt...

Das Schöne ist, dass sie alle super nett zu mir sind und zudem auch richtig gut Englisch sprechen, auch wenn der indische Akzent dafür sorgt, dass jedes noch so simple Gespräch ziemlich schwierig zu verstehen ist.

Eben bewegt sich etwas im Haus. Ich glaube, die anderen sind nach Hause gekommen. Ich gehe einmal schauen...

*

Es ist kurz vor zehn Uhr nachts und ich sitze wieder in meinem wohlbemerkt unbezogenen Bett, was hier in Indien allem Anschein nach normal ist – oder vielleicht auch nur in Bemants Familie? Ich weiß es nicht! Aber für was braucht man schon Bettlacken?

Vor wenigen Stunden habe ich mir mit Bemant Bilder seiner Tante angeschaut. Sie ist Künstlerin und wohnt in der Nähe. Die Gemälde hatten einen religiösen Hintergrund, den ich, da ich mich bisher nicht mit diesem Teil der indischen Kultur befasst habe, nicht so richtig verstehen konnte. In ihrem Zuhause – die Gastfreundlichkeit in diesem Land ist beeindruckend –

habe ich meinen fünften indischen Tee für heute getrunken. Ich mag dieses süße Getränk aus Ingwer, Tee und Milch wirklich gerne. Es ist sehr lecker und auch wieder so anders als der Tee, den wir in Deutschland trinken… Daran kann ich mich mit Sicherheit schnell gewöhnen!

Abgesehen davon habe ich mich ein bisschen mit der indischen Kultur auseinandergesetzt. Das Begrüßen mit „Namaste", einer Handbewegung, die aussieht, als würde man beten, und einem demütigen Kopfnicken beherrschte ich schnell. Bemant war ziemlich beeindruckt, dass ich dieses indische Wort zur Begrüßung schon kannte. Ich muss sagen, dass leider nicht viel mehr Vokabeln aus meinem indischen Sprachführer, in dem ich während meines Fluges geschmökert hatte, hängengeblieben sind. Auch der Rest seiner Familie – inklusive seinem Opa, der auch im gleichen Haus wie die ganze Familie wohnt – fand es schön, dass ich mich für ihre Kultur interessierte. Auch wenn es nur ein simples Wort für mich war, bedeutet es für sie sehr viel, dass ich es beherrsche! Ich versuche mich auf diese fremde Kultur einzulassen! Ich möchte diese Menschen kennenlernen, wissen wie sie leben so fernab von Deutschland.

Doch nicht nur das Hindi stellte sich als äußerst kompliziert für mich heraus, auch mein ‚Englisch-Handicap' machte mir zu schaffen. Kaum gingen die Gespräche etwas tiefer, fehlten mir die Worte oder ich stotterte seltsame Wörter vor mich hin, die niemand zu verstehen schien, bei denen selbst mir klar war, dass es ein grammatikalisches Desaster sein musste! Sie waren trotzdem alle derart nett zu mir, dass es schon fast zu nett war, und versuchten mir alles möglichst mit einfachen Worten zu erklären. Notfalls fünf Mal hintereinander, oder auch ein sechstes Mal, wenn ich es trotzdem immer noch nicht verstand. Ich wurde, glaube ich, noch nie so herzlich bei Fremden aufgenommen. Es ist faszinierend, denn eigentlich kennen wir uns gar nicht und eine solch große Gastfreundschaft hätte ich niemals vorausgesetzt.

Wenn ich so drüber nachdenke, komme ich aber auch zu der Feststellung, dass es nicht nur an mir liegen kann, dass unsere Verständigung stockend verläuft. Es wäre bestimmt auch kompliziert, wenn ich perfekt Englisch spräche, aufgrund von Bemants – nach längerem Zuhören –recht starken indischen Akzent. Jetzt, da wir schon mehr miteinander geredet haben, wird mir bewusst, dass ich den größten Teil von dem, was er sagt, erst nach mehrfachem Wiederholen mit vielen Gesten nachvollziehen kann. Und am Ende stellt sich oft heraus, dass es sich um einfache Worte handelte, die er jedoch anders ausspricht, als ich es von meinem Englischunterricht in Deutschland kenne.

Kulturell muss ich mich in den nächsten 1 ½ Monaten wohl an das permanente, vollkommen ungenierte Rülpsen, Schmatzen und Schlürfen (vor allem während des Essens) gewöhnen, da wir dies in Deutschland in der Regel vermeiden. Hier ist so etwas jedoch kein Problem. Aber gut, so lange ich es mir nicht selbst angewöhnen muss, werde ich damit zurechtkommen…. Auch wenn es etwas eklig ist!

Was mir jedoch weitaus mehr Probleme bereitet, ist der unangenehme Geruch des Wassers, das ‚frisch' aus der Leitung kommt, aber rein gar nicht so riecht. Das ist wirklich nicht schön! Meine erste Begegnung mit der Toilette war auch nicht so einfach, da mir immer noch nicht ganz klar ist, wie man dort sein Geschäft verrichten soll, ohne dass Toilettenpapier benutzt wird. Bis spät abends wartete ich, bevor ich mich traute, mich in diesem nicht sehr gemütlichen und zudem ziemlich kalten Raum etwas länger aufzuhalten. Ich hatte zwar eine Packung Tempos dabei, aber zugleich auch panische Angst, dass die Toilette, die nicht sehr stabil aussah und auch noch wackelte, dadurch verstopfen könnte, was bis jetzt jedoch glücklicherweise nicht der Fall war. Morgen bin ich weg und hoffe, dass sie erst dann explodiert!

Hinzu kommt, dass ich mich nicht so fit fühle, da ich ein bisschen Bauchschmerzen habe, was vielleicht daran liegt, dass ich den ganzen Tag versucht habe, nicht auf die Toilette zu gehen, an dem ungewohnt vielen Tee oder an dem ‚nicht scharfen' Essen. Wahrscheinlich löst die tückische Kombination aus allem zusammen dieses Gefühl des Unwohlseins aus.

Aber kommen wir zurück zum indischen Essen: ‚Nicht scharf' bringt mich dabei schon fast um und das ist nicht übertrieben! Ich gebe zu, dass ich scharfes Essen nicht gewöhnt bin und es auch nicht unbedingt freiwillig zu mir nehme, was hier in nächster Zeit kompliziert werden könnte. Aber ich habe Angst davor, dass es wirklich böse enden könnte, wenn ich das für die Inder normale ‚scharf' probiere. Ich weiß nicht, ob mein Magen das problemlos tolerieren wird. Mir ist es ein Rätsel, wie die Menschen hier derartig scharfes Essen zu sich nehmen können, ohne permanent Magenprobleme zu haben. Ich habe zwischendurch das Gefühl, es brennt mir meine Innereien weg

Alles ist zwar unglaublich anders, aber ich fühle mich trotzdem wohl! Wobei es da auch eine wirklich komische Eigenart gibt, die ich als ein wenig zu gastfreundlich empfinde. Wie kann ich Dir das am besten erklären? Es ist nicht nur ziemlich kalt in Neu-Delhi, sondern auch in Bemants Wohnung! Heizungen gibt es scheinbar nicht und weil es heute so grausam kalt war und die Inder, wie mir schon aufgefallen ist, sehr zuvorkommend sind, boten sie mir an, zu seinen Eltern ins Ehebett unter die Decke zu schlüpfen, was ich nach einem längeren Zögern, mit einem seltsamen Gefühl im Magen (‚ob es von dem ungewohnten Essen oder der seltsamen Situation kommt, kann ich nicht mit Sicherheit festlegen), dann auch tat. So richtig entspannen konnte ich mich dabei jedoch nicht. Ich muss zugeben, dass ich selten nach einem ersten Kennenlernen im

Bett der Eltern meiner neuen Freunde liege… Das kommt mir doch etwas fremdartig vor. Aber hier ist ja alles anders; oder bin ich anders? Vielleicht ist es für mich nach meinem Aufenthalt in Indien ganz normal, mich mit fremden Menschen in fremde Betten zu legen und dabei völlig alltägliche Gespräche zu führen, als säßen wir gemeinsam an einem Tisch. Vielleicht werde ich meinen Gästen in Deutschland selbst mein Bett anbieten, um ihren Komfort zu erhöhen. Wer weiß? Ich muss noch einiges lernen und versuche so offen wie nur möglich für diese neue Kultur zu sein, da ich weiß, dass sie mein Leben bereichern wird.

Aber jetzt gehe ich erst einmal schlafen. Ich bin völlig erschöpft… Zu duschen habe ich mich noch nicht getraut, auch wenn Bemants Vater stolz etwas von heißem Wasser erzählt hat – wobei ich nicht weiß, wieso er darauf stolz ist… Ich glaube nicht, dass die Badewanne einer normalen Dusche standhalten würde. Morgenfrüh muss ich mich wahrscheinlich trotzdem damit konfrontieren, auch wenn ich nicht weiß, was ich mit dem Eimer, der mitten in der dreckigen, ziemlich kaputten Badewanne steht, machen soll, und ob ich aus hygienischen Gründen vielleicht besser nicht barfuß hineingehen sollte. Bisher gibt es noch viel zu viele ungeklärte Fragen, um dieses Abenteuer auf mich zu nehmen. Aber sei Dir sicher, Du wirst noch früh genug von meinem ersten Duscherlebnis hören. Ich habe jetzt schon etwas Angst davor! Aber anderseits kann ich auch nicht die nächsten sechs Wochen jeder Dusche aus dem Weg gehen, das wäre doch sehr eklig!

Montag 3. Januar, Neu-Delhi

Beginnen wir den Tag mit dem schwierigen Thema ‚Duschen‘: Ich habe es mich immer noch nicht getraut, obwohl ich im Moment nichts lieber täte, als mich heiß zu duschen. Ich fühle mich so versifft, dass ich in diesem Zustand in Deutschland nicht das Haus verlassen würde. Zudem würde mich eine heiße Dusche auch für ein paar Minuten aufwärmen… Ich bin bis auf die Knochen durchgefroren. Es ist viel zu kalt hier!

Aber da ich 21 Jahre alt bin, also offiziell erwachsen, werde ich mich mit der aktuellen Situation irgendwie arrangieren: Das Haarewaschen und die restliche Katzenwäsche am Waschbecken waren zwar umständlicher, als ich es von meinem früheren Leben gewohnt bin, aber ich habe es überlebt. Vor Bemants Dusche graut es mir immer noch. Vielleicht ist das nur bei Bemant so schlimm und bald erwartet mich ein etwas moderneres Bad. Ich hoffe es… Ich hoffe es wirklich! Die nächsten sechs Wochen werden sonst verdammt kompliziert, das sage ich Dir jetzt schon!

Meine erste Nacht in Indien war sehr erholsam. Es kann auch daran gelegen haben, dass ich derartig erschöpft war von all den ungewohnten Eindrücken, dass ich wahrscheinlich selbst unter einer Brücke hervorragend geschlafen hätte. Ich bin zwar öfters aufgewacht, aber ich fühle mich jetzt – den Umständen entsprechend – erholt. Gefroren habe ich nachts nicht, die Decke war sehr dick. Trotzdem kann ich mich nicht daran gewöhnen und finde es auch nicht hygienisch, dass sie keinen Bezug hat, und ihrem Aussehen nach zu urteilen, bestimmt auch nicht allzu oft oder vielleicht sogar nie gewaschen wird. Aber gut, andere Länder andere Sitten! Ich versuche, die Zähne zusammenzubeißen und nicht zu viel zu klagen. Immerhin ist all das der Beginn eines großen Abenteuers! So schwer kann das alles nicht sein. Ich bin ja nicht die erste Deutsche, die sich auf eine Abenteuer-Indienreise begibt!

Eben ist ein Zug ohrenbetäubend laut an meinem Fenster vorbeigefahren. Die Wände haben sogar gezittert. Bemant behauptet ja, die Gegend hier sei ziemlich ruhig. Was er unter *laut* versteht, will ich gar nicht wissen!

Heute Mittag geht es los nach Chandigarh. Ich bin gespannt, wie es dort so ist! Ich habe von dieser Stadt zuvor noch nie etwas gehört und alles, was ich bis jetzt weiß, ist, dass sie nördlich von Neu-Delhi liegt.

Dienstag 4. Januar, Chandigarh

Oh Gott, es ist ein Albtraum, mein Leben ist ein grausamer Albtraum! Ich weiß nicht mehr, was ich machen soll! Wieso bin ich hierhergekommen? Wieso hat mich niemand davon abgehalten?

Ich habe nie etwas Schlimmeres in meinem Leben erlebt und ich weiß nicht, wofür ich das alles verdient habe... Ich muss etwas sehr Grausames getan haben, vielleicht war es etwas aus einem früheren Leben! War ich einst ein Serien-Killer!? Eine andere Erklärung gibt es für meine aktuelle Situation nicht!

Ich kann jetzt nicht weiterschreiben! Ich glaube, ich bekomme gleich einen Nervenzusammenbruch.... Ich melde mich bald... Ich bin so erschöpft, habe kaum geschlafen und es ist so grausam kalt. Ich friere die ganze Zeit, ich habe nie in meinem Leben derart gefroren! Und ich würde am liebsten nur noch weinen! Wie gerne wäre ich jetzt Zuhause bei meiner Familie ... Wieso haben sie mich gehen lassen? Ich glaube, ich habe nie in meinem Leben so verzweifelt nach Hause gewollt... Ich will nur aufwachen aus diesem grausamen Albtraum! Nichts weiter... Einfach nur aufwachen!

Bitte!!

Mittwoch 5. Januar, Chandigarh

Wir sind gerade an dem für meine Verhältnisse ziemlich heruntergekommenen Bahnhof in Chandigarh angekommen. Die Luft ist schlecht, zudem ist es hier noch ein ganzes Stück kälter als in Delhi, meine Einbildungskraft reicht schon nicht mehr aus, mir vorzustellen, wie es sich anfühlt, nicht permanent zu frieren. Ich wünsche mir nichts anderes als ein bisschen Sonnenschein und dass diese furchtbare Kälte endlich aufhört! Mehr will ich gar nicht.

Innerhalb der letzten Tage habe ich meinen Zwiebellook so weit ausgebaut, dass ich zurzeit acht verschiedene Hosen (von Strumpfhosen, über Leggins bis hin zur Jeans) und zehn Oberteile übereinander trage. Ich hätte nie gedacht, dass das praktisch möglich ist… Wie ich in diese ganzen Klamotten hineingekommen bin, bleibt mir ein Rätsel, und so schnell werde ich sie auch nicht mehr ausziehen! Selbst wenn sie bis zum Himmel stinken sollten. Not macht erfinderisch.

Wenn Du jedoch nur im Entferntesten glaubst, dass das etwas an der Situation und der eisigen Kälte ändern würde, muss ich Dich enttäuschen! Ich habe das Gefühl, nicht mehr richtig aufzutauen, innerhalb der letzten Tage zu einem lebensgroßen Eiswürfel geworden zu sein. Und ich dachte doch, es wäre hier warm, ich könnte kurze Sachen tragen und würde dem Winter in Deutschland den Rücken zukehren… Was für eine bittere Enttäuschung! Ich bezweifle, dass das Leben in der

Antarktis so viel schlimmer wäre. Kälter kann es nicht werden! Du meinst, ich übertreibe? Dann komm im Winter nach Indien und überzeuge Dich selbst von diesen grausamen Temperaturen! Ich hätte das nie für möglich gehalten. Ich dachte, Indien hätte tropische Temperaturen. Ist wohl nicht so... Und ich lerne das auf die harte Tour!

Hinzu kommt, dass ich so langsam Rückenschmerzen von dem Gewicht meiner eigenen Klamotten bekomme, unter denen ich mich täglich vor der Kälte verstecke. Ich wusste nicht, dass es überhaupt möglich ist, dass man vom Tragen zu vieler Klamotten Rückenprobleme bekommen kann. Auch wieder etwas gelernt und zumindest ist dadurch mein Koffer um einiges leichter geworden! Und ein weiterer Vorteil liegt darin, falls mich aufgrund des rasanten indischen Fahrstils in nächster Zeit ein Auto anfahren sollte, wäre das nicht weiter schlimm, da der harte Aufprall durch meinen pummligen Körper abgebremst werden würde!

Außerhalb des Bahnhofgebäudes liegen bis zu den Knochen heruntergehungerte Bettler, die scheinbar ihr Leben lange noch nicht mit Nahrung in Kontakt gekommen sind. Sie liegen auf dem dreckigen Boden, was sie nicht zu stören scheint. Bei diesen Temperaturen haben sie andere Probleme als Bequemlichkeit! Die Männer versuchen sich notdürftig mit einigen grauen, zerrissenen ‚Decken‘, die diesen Namen kaum mehr verdient haben, vor der Kälte zu schützen. Ich glaube leider nicht, dass sie damit erfolgreich sein werden. Und auch wenn es mir selbst so schlecht geht, dass ich am liebsten nur noch weinen möchte, tut mir das in der Seele weh, da ich weiß, dass ich keinen Grund zum Klagen habe, da es ihnen noch um einiges schlechter als mir geht! Es ist so schlimm! Ich habe zuvor noch nie solche Armut gesehen! Ich wusste, dass sie existieren muss, dass es diese prekären Verhältnisse – laut Fernsehen und Internet – gibt! Aber es ist etwas völlig anderes, wenn sich dieses Szenario vor Deinen eigenen Augen abspielt und Du nichts, rein gar nichts dagegen unternehmen kannst. Selbst wenn ich ihnen meine Klamotten gäbe, das würde nicht reichen, um alle warm zu halten. Sie reichen ja nicht einmal mir, um mich vor der eisigen Kälte zu schützen.

Wir warten schon seit einiger Zeit auf unseren Bus, der uns innerhalb weniger Stunden nach Jalandhar bringen soll, wo es angeblich sogar noch kälter als hier wäre. Ich kann mir das gar nicht vorstellen und bete, dass das nicht der Fall ist! Ich weiß nicht, wie ich damit umgehen soll! Es ist erst früh am Abend, aber erneut stockdunkel und eisigkalt. Hier geht schon gegen sechs Uhr die Sonne unter, was meine Laune nicht verbessert. Und wenn sie verschwunden ist und wir uns nicht sicher sind, ob sie wahrhaftig zurückkommen wird, fühle ich mich, als hätte mich ein böser Mensch mit Sommerklamotten in einem Eisschrank eingesperrt. Warum bin ich hier?

Aber ich höre besser auf zu klagen! Es bringt nichts, mich selbst zu bemitleiden, dabei wird mir mein miserabler Zustand nur noch mehr bewusst! Kommen wir lieber zu den wichtigen Dingen: Wie waren die zwei letzten Tage in Chandigarh? Meiner Meinung nach sehr ungewöhnlich und mehr als gewöhnungsbedürftig! Ehrlich gesagt war es ein Albtraum und das ist noch untertrieben! Ich weiß selbst noch nicht so genau, wieso ich mich auf den Weg nach Jalandhar begebe und nicht sofort zurück nach Neu-Delhi fahre, um möglichst schnell wieder nach Hause zu kommen… Die letzten Tage waren die pure Hölle! Und nein, ich übertreibe nicht! Ich glaube, ich habe mich nur nicht auf den Heimweg gemacht, weil ich der festen Überzeugung bin, dass sich meine aktuelle Situation nicht mehr verschlimmern kann, dass eine Steigerung dieser Misere unmöglich ist! Und das obwohl mir meine Familie großzügig angeboten hat, sofort mein Flugticket umzubuchen, und mich schon fast anflehte, zurückzukommen, da ich weinend angerufen und Sachen erzählt hatte, die auch sie für unmöglich hielten... Wie auch ich vor einigen Tagen noch! Nun erscheint mir nichts mehr unmöglich!

Ich hoffe aus ganzem Herzen, dass es nicht schlimmer wird... So dumm es klingen mag. Die letzten paar Tage bin ich wahrlich an meine Grenzen angekommen und war nicht nur einmal den Tränen nahe!

*

Am Montagmittag (3. Januar) kamen Bemant und ich nach einer aufregenden Rikscha-Fahrt durch das beeindruckende Neu-Delhi, das eher einem aktiven, riesigen Dorf mit massenhaft Menschen gleicht, statt einer Hauptstadt, wie ich sie aus Europa kenne, und fünfstündiger Busfahrt endlich an unserem Ziel an: Chandigarh! Wieder hatte ich keinerlei Erwartung, was dort auf mich zukommen sollte und wahrscheinlich war das besser so gewesen, sonst bin ich mir fast sicher, dass ich sofort den nächsten Flieger zurück nach Good Old Germany genommen hätte, ohne dem Land Indien und seinen Bewohnern nur eine winzige Chance zu geben. Der Bus in die indische Metropole, die über 300 Kilometer nördlich von Neu-Delhi liegt, war um einiges bequemer als das Flugzeug, die Luft im Inneren jedoch sehr schlecht, dafür war es angenehm warm, was in diesem Moment wichtiger war als gute Luft! Die meiste Zeit unserer Reise verbrachte ich sowieso im Tiefschlaf und stellte beim Aufwachen genervt fest, dass Bemant mich unentwegt fotografierte.

Als wir an dem Ort ankamen, der die nächsten paar Tage mein Zuhause sein sollte, war ich schockiert. Das konnte nur ein ganz unlustiger Witz sein: Die Stadt war auf den ersten Blick ziemlich verdreckt, das Hotel war eine renovierungsbedürftige Bruchbude, hatte etwas von einem heruntergekommenen Gefängnis für Schwerverbrecher der schlimmsten Sorte – dass irgendjemand an einem solchen Ort freiwillig Urlaub machen möchte, erscheint mir bis heute unfassbar! Alleine das Wort ‚Urlaub' mit diesem ‚Hotel' in Verbindung zu bringen ist lächerlich! Ich wollte hier nicht einmal sterben!

Wahrscheinlich hätte ich über die Situation gelacht, wenn ich nicht permanent den Tränen nahe gewesen wäre. Wo war ich hier nur hineingeraten? Die Toiletten hatten keine Spülung, was die Folge davon war, möchte ich nicht genauer erläutern! Die eigene Vorstellungskraft reicht an dieser Stelle aus, um sich ein sehr ekelhaftes Szenario auszumalen. Gegen die Dusche, die ich vorfand, war Bemants Bad wahrhaftiger Luxus gewesen. Schon bei dem ersten Blick ins Badezimmer, bereute ich es zu tief, nicht bei ihm geduscht zu haben! Doch wie hätte ich wissen sollen, dass etwas Derartiges auf mich zukommen würde? Dass so etwas überhaupt existierte?! Wo war ich nur gelandet? Wieso bin ich hierhergekommen? Wieso hatte ich nicht auf meine Familie gehört? Genau diese Fragen gingen mir während der letzten Tage in Endlosschleife durch den Kopf. Und im gleichen Moment hoffte ich, aufzuwachen und festzustellen, dass das alles nur ein sehr realistischer Traum – oder besser Albtraum – war!

Es sah ganz danach aus, als würde ich mir ein Zimmer mit einigen sehr netten Inderinnen teilen. Nein, eigentlich war ich wirklich davon überzeugt gewesen… Der Schlafplatz war für mich in Ordnung, auch wenn ich das Gefühl hatte, dass so viele Personen nicht gemütlich in einem Zimmer schlafen könnten. Doch meine erste Vermutung stellte sich bald als ein ziemlich großer Irrtum heraus! Das Platzproblem sollte mich in dieser Nacht am wenigsten stören. Ich war noch so geschockt von dem Ort an sich, dass ich bestimmt geweint hätte, wenn es mir möglich gewesen wäre, einen Blick in die nahe Zukunft zu werfen. Was auf mich zukommen sollte, hätte ich mir in meinen schlimmsten Albträumen nicht vorstellen können und das ist nicht übertrieben!

Nach unserer Ankunft trafen wir uns alle in einem großen Gemeinschaftsraum und die angekündigte Konferenz konnte beginnen. Ich hatte keine Ahnung, was das jetzt für mich bedeutete, geschweige *denn, was in den nächsten Stunden auf mich zukäme. Bezüglich des Wortes ,Konferenz' ging ich davon aus, dass gemeinsam über verschiedene wichtige Themen beraten wird. Wie man sich irren kann!*

*

Das lange Warten auf den Bus hat endlich ein Ende, wir sitzen drinnen und sind auf dem Weg nach Jalandhar. Ich weiß nicht, wie es dort weitergehen soll, geschweige denn, was auf mich zukommen wird. Ich hoffe nur, dass es nicht extremer und unangenehmer als die letzten Tage wird… Ich bin gespannt, wie mein neues Zuhause wohl aussieht. Aber zugleich habe ich wirklich Angst davor, festzustellen, wo ich die nächsten 1 ½ Monate wohnen muss, denn ich habe das unangenehme Gefühl, dass mir das alles nicht so gefallen wird und ich mir meinen Indienaufenthalt anders vorgestellt habe...

*

Die Inder tanzten die ganze Zeit gutgelaunt komische Tänze und hatten dabei mächtig Spaß, aufgrund meiner deutschen Mentalität war ich da zurückhaltender. Zudem hatten sie wahrhaftig für jedes einzelne Lied eine eigene Choreographie, die jeder von ihnen perfekt beherrschte. Ich hatte den Eindruck, in einem kitschigen Bollywood-Film gelandet zu sein, doch wer hätte gedacht, dass genauso Indien ist??? Dass all das, was wir aus dem Fernsehen kennen und für völlig übertrieben und absurd halten, die Realität ist? Dass hier die ganze Zeit glücklich getanzt und gesungen wird? Vielleicht könnte ich auf diese Weise die gegebenen Umstände einfach vergessen? Es war beeindruckend, all das von außen zu betrachten, jedoch fühlte ich mich in der Gruppe selbst noch etwas unbehaglich, weil das nicht ich war. Ich tanze nicht ausgefallen zu indischen Liedern, schon gar nicht, wenn mir kalt ist, ich ungeduscht bin und friere. Das fühlte sich an, als würde ich eine riesige Show abziehen, die nur lächerlich war! Mein ganzes Leben fühlte sich in diesem Moment wie ein schlechter Witz an!

Sie schrien die ganze Zeit Sprüche, die ich nicht kannte. Ich war wirklich verwirrt, das viele Tanzen, die unerträgliche Lautstärke, die indische Musik, das konnte nicht die Realität sein! Zumindest nicht in meiner Welt... Wo war ich hier verdammt noch einmal gelandet? Vielleicht waren die ganzen Menschen um mich herum auf einem ziemlich üblen Trip... Ich kann es Dir nicht sagen. Ich weiß nur eines, es war mir noch nie etwas derart Fremdartiges passiert! Trotzdem machte es auch Spaß, obwohl ich nicht genau erklären kann, wieso...

Bald gab es Essen. Ich hatte mich sehr darauf gefreut, es schien mir eine Ewigkeit her zu sein, seit ich das letzte Mal etwas Anständiges zu mir genommen hatte. Es gab Chapati, eine Art indisches Brot mit einigen unglaublich scharfen Soßen, die völlig harmlos und sehr schmackhaft aussahen, einem aber die Zunge wegätzten und bestimmt auch meine Innereien. Das Essen brachte mich fast zum Heulen, dabei wäre das in der aktuellen Situation nicht nötig gewesen... Ob der Geschmack des ‚Essens‘ gut war, konnte ich unter diesen Umständen leider nicht beurteilen. Ich weiß nicht, wie ich mir das indische Essen vorgestellt hatte, aber nicht so!

Um Mitternacht begann eine Art ‚Party‘ und das war das Komischste von allem. Ja, ich hätte nicht gedacht, dass der Abend noch seltsamer werden könnte! Ich konnte meinen Augen nicht trauen, als sich die Inder kurze Hosen und Sandalen anzogen, um in diesem seltsamen Aufzug ein gemeinsames Wetttrinken zu veranstalten. Es war – wie schon mehrmals betont – eiskalt. Ich war seit Tagen nur noch am Frieren und wäre nie im Traum auf die Idee gekommen, mich nur einer meiner Westen, Socken oder Hosen zu entledigen. Auf diese Weise konnten sie sich, meiner Meinung nach, nur den Tod holen!

Als Getränk gab es bei diesem Spiel ein Gemisch aus Starkbier und Wodka, welches die Teilnehmer aus großen Wassergläsern mit einem Schluck herunterstürzen sollten. Und so ging das, bis Frauen wie auch Männer nicht mehr stehen, geschweige denn laufen konnten. Während einige stockbesoffen umfielen und sich von ihren Team-Mitgliedern wieder zu ihrem Sitzplatz zurücktragen ließen, um weiter an dem Spiel teilnehmen zu können, da sie selbst zu keinen Bewegungen mehr fähig waren, legten sich andere in eine abgelegene Ecke des Raumes und begannen vor allen wie ein erbärmliches Häufchen Elend zu kotzen. Ich war schockiert, angeekelt und überfordert zugleich, wusste nicht, wie ich die vielen seltsamen Eindrücke verdauen sollte. Glückerweise lernte ich einen netten Kolumbianer kennen, der Diego hieß. Er war erschien der einzige normale Mensch in diesem sogenannten ‚Hotel' des Grauens! Wir unterhielten uns lange, tanzten auf indische Klänge, versuchten den seltsamen modrigen und süßsauren Geruch nach einer Mischung aus alten Möbeln, Staub, Dreck und Erbrochenem, der unangenehm in der abgestandenen Luft hing, zu verdrängen, und es wurde überraschenderweise ein – den Umständen entsprechend – angenehmer Abend. Ich bin so dankbar, ihm begegnet zu sein!

Um kurz vor vier am Morgen ging es ins Bett. Ich war hundemüde, doch es graute mir vor der bevorstehenden Nacht. Restlos alle Inder waren völlig betrunken und meine Zimmernachbarinnen waren plötzlich spurlos verschwunden, dafür hatte ich sieben, mir unbekannte Inder in dem mir zugewiesenen Zimmer vorgefunden. Zwei von ihnen lagen mit mir im Ehebett, ich ignorierte das, denn ich war unglaublich erschöpft und wollte nur noch schlafen, unter welchen Umständen war mir egal. Aber die Nacht war längst noch nicht vorbei! Auch wenn ich in dem Moment tatsächlich davon ausging, endlich ein wenig ruhen zu dürfen.

Immer wieder kamen mir unbekannte Typen zu uns, die nicht wussten, wo sie schlafen sollten, legten sich kurz zu uns ins Zimmer, um uns ein paar Minuten später doch wieder zu verlassen und weiter ruhelos und betrunken im Hotel herumzuirren oder vielleicht auch, um in eine noch saubere Ecke zu kotzen. Doch das war wirklich das

Harmloseste von allem, auch wenn es mir dadurch (und aufgrund der Kälte) kaum möglich war, überhaupt einzuschlafen. So richtig ekelerregend wurde es, als die ersten begannen, sich in unserem Zimmer zu übergeben: Die, die es ins Bad schafften, übergaben sich dort auf dem Boden, andere schon auf dem Weg dorthin und wieder andere im Schlafen auf ihr Kissen. Ich war mir in diesem Moment nicht sicher, ob ich weinen oder lachen sollte, aber eines war sicher: Ich hätte mit jedem Menschen getauscht, der gerade irgendwo anders auf der Welt war. Denn ich befand mich zurzeit in einem wirklich kranken Film, dessen Drehbuch nur von einem Psychopaten stammen konnte!

Ich musste in dieser Nacht trotz des anhaltenden Trubels knapp zwei Stunden geschlafen haben, mehr war es sicherlich nicht. Aufgewacht war ich, da Ahmets Ellenbogen unangenehm zwischen meine Schulterblätter drückte. Zumindest wusste ich den Namen des Kerls, neben dem ich geschlafen hatte! Wer die anderen sechs waren, wusste ich jedoch nicht... Im ganzen ,Hotel' roch es unangenehm nach alter Kotze, das Bad zu betreten, traute ich mich nicht. Wie es dort aussehen musste, wollte ich mir nicht einmal vorstellen! Also zog ich mich auf einer der öffentlichen Toilette zurück, um mich umzuziehen. Duschen wäre in diesem Moment, da ich mich ekelhaft wie nie zuvor fühlte, eine Traumvorstellung gewesen, aber keineswegs realistisch! Bei dem Versuch, mich einigermaßen herzurichten – auch wenn ich nicht wusste, für was! –, traf ich auf eine andere Austauschstudentin. Sie heißt Ana, ist Brasilianerin und fragte mich zuvorkommend, ob ich nicht heute mit ihr und den anderen Ausländern die Stadt besichtigen wollte. Da mich die sogenannte ,Konferenz', oder was auch immer das werden würde, nach der gestrigen unschönen Erfahrung nicht unbedingt reizte, stimmte ich sofort begeistert zu. Es war ein Segen, dass sie mir in genau diesem Moment über den Weg gelaufen war. Vielleicht wäre mein Indienaufenthalt sehr kurz gewesen, wenn ich sie nicht getroffen hätte, denn ich gebe zu, dass mir der erste Eindruck dieses neuen Landes bis jetzt rein gar nicht zusagte und ich ein paar Mal kurz davor gewesen war, anzufangen zu weinen oder meine Eltern anzurufen und sie anzuflehen, mir jetzt sofort ein Rückflugticket zu buchen. Doch ich habe durchgehalten. Ich bin wirklich stolz auf mich!

Diego, Alejandro – ein weiterer Brasilianer, der auch fließend Deutsch spricht –, Ana und ich begaben uns also auf Sightseeing-Tour ins Stadtzentrum. Wir besichtigten einen indischen Markt und aßen bei Subway das erste Mal seit meinem Aufenthalt nicht scharfes Essen, auch wenn selbst Fastfood hier um einiges schärfer als in Deutschland ist – klar, sonst fände es keinen Absatzmarkt, da es die Kunden nicht ansprüche!

Danach machten wir uns auf den Weg in den ‚Rose Garden'. Dieser Park war wirklich schön, auch wenn es verdammt kalt war und die Wolkenschicht heute sogar noch dicker als sonst erschien... Die Sonne hatte kein einziges Mal die Möglichkeit, sich zu zeigen, und alles um uns herum war anhaltend düster, gehüllt in ein unfreundliches, deprimierendes Grau. Im Wetter hatte ich mich bei meiner Reiseplanung eindeutig getäuscht! Und egal, was ich anziehe, es wird und wird nicht wärmer. Ich hoffe wirklich, das Frieren hört in nächster Zeit endlich auf. Alles andere erscheint mir dagegen fast wie eine Lappalie. Ich glaube, wenn ich aufhören würde zu frieren, dann sähe ich alles nicht ganz so negativ und könnte den Aufenthalt mehr genießen! Gut, ein bisschen mehr Schlaf wäre auch nicht schlecht... Und weniger Erbrochenes, bitte! Aber wahrscheinlich ist das zu viel verlangt...

In dem schon erwähnten ‚Rose Garden', einem kleinen, grünen Park, hatte ich ein weiteres seltsames und verstörendes Erlebnis: Eine Frau kam über das ganze Gesicht strahlend auf mich zu und wollte mir die Hand schütteln und wissen, wie ich hieß, wo ich herkam und wieso es mich ausgerechnet in ihre Heimatsstadt verschlagen hatte. Ich wäre positiv überrascht über die Offenheit gewesen und dass Fremde mich einfach auf der Straße ansprechen, hätte auch gleich auf ihre Frage reagiert, wenn ich nicht so schockiert über ihre goldenen

Ohrringe gewesen wäre: In ihren Ohrlöchern trug sie riesige vergoldete Hakenkreuze!

Ich musste sie angestarrt haben wie eine Außerirdische, während Diego mich leise aufforderte, ihr die Hand zu geben, und mir danach auf Spanisch ins Ohr flüsterte, dass das keine Hakenkreuze sondern Swastikas waren, die in Indien ein Symbol für Glück darstellten. Ich machte mechanisch, was er mir geheißen hatte, meinen Blick immer noch wie hypnotisiert auf ihre Ohrringe gerichtet, während ich das ungute Gefühl hatte, auf ganz unangenehme Weise mit der kompletten deutschen Geschichte konfrontiert worden zu sein. Es war ein furchtbares Gefühl. Nach einem kleinen Spaziergang durch den „Rose Garden" hatte ich das jedoch glücklicherweise wieder vergessen. Es gab zu viele Eindrücke und Sehenswürdigkeiten, um mich nicht länger an dieser seltsamen Situation festzuhalten. Abgesehen davon wollte ich auch nicht mehr an das ungute Gefühl erinnert werden, welches ich für einige Minuten in meiner Magengegend empfunden hatte...

Richtig aufregend war danach die Besichtigung des Eiffelturms, der zwar ein ganzes Stück kleiner als der Pariser ‚la Tour Eiffel' ist, dafür aber die einmalige Möglichkeit bot, ihn zu besteigen. Und dass es Spaß macht, auf diesem Gebäude herum zu klettern und sich wie King Kong auf Beutejagd zu fühlen, kannst Du Dir nur allzu gut vorstellen. Für kurze Zeit vergaß ich meine Sorgen und war aufgeregt wie ein kleines Kind. Die Bilder von uns auf dem kleinen Turm sahen wahrhaftig befremdlich aus, als hätte uns jemand in einer Miniaturwelt ausgesetzt. Aufgrund dieses weltbekannten Monuments und dem romantischen Rosengarten hat Chandigarh den Ruf, das indische Paris zu sein. Ich gebe zu, dass ich davon noch nicht überzeugt bin... Aber wahrscheinlich liegt meine negative Einstellung nur an den noch sehr nahen und ziemlich unangenehmen Erfahrungen der letzten Nacht.

Abends kehrten wir noch einmal in den ‚Rose Garden' zurück, um uns dort das abendliche bunte Lichtspiel und den wunderschönen

Sonnenuntergang anzuschauen. Dabei erzählte uns unser ‚Reiseführer' Diego, der schon einiges mehr über die indische Kultur weiß, da er seit gut sechs Monaten in diesem Land lebt, dass der Sonnuntergang im Sommer in Neu-Delhi rosa sei. Was wir sehr romantisch fanden, erklärte er mit dem starken Smog, der fast erdrückend über der Millionenmetropole lastet und die Farbgebung beeinflusst. Wie gesagt, wahnsinnig romantisch!

Abends stillten wir unseren Hunger in einem indischen Fast-Food Restaurant mit vegetarischen, scharfen Burgern. Bei der Wahl nach einem geeigneten Ort zum Essen, war jedoch weniger die Qualität der Mahlzeit oder das Aussehen des Restaurants ausschlaggebend als die Feststellung beim Betreten des Ladens, dass es hier wahrhaftig eine funktionierende Heizung gab, alles weitere war für uns problemlos hinnehmbar. Nach einer reichhaltigen und günstigen Mahlzeit gingen wir auf die Geburtstagparty eines anderen Brasilianers, der erzählte, dass er ganze acht Monate in Chandigarh verbringen würde. Ich gebe zu, dass ich mit ihm in diesem Moment noch weniger als mit mir selbst tauschen wollte.

Es war ein schöner Abend, um einiges besser als der vorherige, vor allem da ich Menschen getroffen habe, die mir ähnlich sind. Aber ehrlich gesagt, war ich so erschöpft von den Strapazen der letzten Tage, dass ich fast nichts mehr um mich herum mitbekam, und das eindringliche Gefühl hatte, im nächsten Moment im Stehen einzuschlafen, wenn ich nicht bald die Möglichkeit bekäme, mich in einem Bett oder auch auf dem Boden breit zu machen. Um halb zwei gingen wir endlich nach ‚Hause', wobei ich zugebe, dass diese Beschreibung rein gar nicht zu dem passte, was wir bei unserer Ankunft vorfanden. Wie hätten hier nach den gestrigen Erlebnissen überhaupt heimische Gefühle aufkommen können? Auch wenn ich sicher war, im Stehen einschlafen zu können, war die Nacht längst nicht vorbei, was ich in diesem Moment jedoch noch nicht wusste, sonst hätte ich wahrscheinlich schon auf dem Weg zurück erneut bitterlich zu weinen begonnen.

Der Indien-Albtraum ging in die zweite Runde: In ‚meinem' Zimmer hatten sich gut zehn betrunkene Inder eingefunden, die mich schreiend begrüßten. Mein größter Wunsch war es doch nur gewesen, zu schlafen, etwas Ruhe zu finden und die nächsten acht bis zehn Stunden keine Menschen zu sehen, schon gar keine Betrunkenen! Ich glaube, das hätte jeder, der die Nacht zuvor mit mir hätte Rollen tauschen müssen, nur zu gut verstanden. Doch ich ahnte, dass das so schnell mit Sicherheit nicht passieren würde. Ja, derart einfach war es nicht! Das Leben hatte eine weitere Prüfung für mich in Petto, auf was es damit hinauswollte, werde ich nie verstehen!

Da ein schnelles Ende des Abends nicht in Sicht war, hielt ich es für sinnvoll, mich zu duschen und danach weiterzusehen, wie ich schnellst möglich ins Bett käme – Wer wusste schon, wann ich das nächste Mal die Möglichkeit dazu haben würde, mich waschen zu können? Vielleicht gab es in der nächsten Stadt keine Dusche mehr, kein fließendes Wasser… Das wäre alles möglich! Abgesehen davon war es auch wirklich nötig! Eine Dusche, die nur einigermaßen meinen Ansprüchen entsprach, war jedoch sehr schwierig aufzufinden: Zuerst fand ich kein Bad, das sowohl Strom als auch fließend Wasser hatte; und als es doch passierte, war es leider vollgekotzt. Ich bin nicht sehr wählerisch, aber das ging zu weit!

Es dauerte eine gute halbe Stunde, bis ich überraschenderweise noch ein Bad fand, das ich problemlos betreten konnte und auch tatsächlich als Bad benutzen konnte. Dann musste ich jedoch enttäuscht feststellen, dass das Wasser eiskalt war. In diesem Moment erinnerte ich mich daran, wie Bemants Vater begeistert von warmem Wasser erzählt hatte. Das hatte ich in diesem Moment leider nicht zu schätzen gewusst, da ich es für etwas völlig Normales hielt. Jetzt, wo ich mir notdürftig an einem dreckigen Waschbecken die Haare wusch und mir aufgrund der Kälte der Kopf grausam schmerzte, hätte ich mir nicht mehr gewünscht, als unter einer kochend heißen Dusche zu stehen. Als ich endlich fertig war und in mein Zimmer zurückkam, stellte ich begeistert fest, dass die anderen gegangen waren. Ich konnte endlich ins Bett gehen und schlafen! Es schien mir, als würde ein langersehnter Traum in Erfüllung gehen. Ich hätte es nach der letzten kurzen Nacht jedoch besser wissen müssen! Dabei hatte ich nur versucht, optimistisch zu sein...

Um halb vier kamen die Typen zurück und ich war kurz davor, völlig durchzudrehen und dieses Gefühl habe ich selten. Ich bin eigentlich ein sehr ausgeglichener Mensch, aber sie schrien und sprangen ungehemmt auf dem Bett herum, indem ich lag und zu Beginn noch so tat, als würde ich ungestört weiterschlafen, in der Hoffnung, sie würden wieder gehen, um mich in Ruhe schlafen zu lassen. Aber es interessierte sie reichlich wenig, dass sie mit ihrem Lautstärkepegel und dem permanenten Springen auf dem Bett einen Toten hätten zum Leben erwecken können. Um vier Uhr war meine Geduld endgültig am Ende. Ich hatte keine Lust mehr. Eine weitere Nacht ohne Schlaf und ich würde einen Nervenzusammenbruch erleiden! Es ging nicht mehr, wirklich! Ich war mit meiner momentanen Lebenssituation total überfordert und an meine Belastungsgrenze gekommen. Nein, ich hatte sie längst überschritten!

Ich schnappte mir eine einigermaßen saubere Decke und ein Kissen und verließ wortlos das Zimmer, was keinen nur im Mindesten interessierte. Wäre ich unsichtbar gewesen, hätte ich genauso viel Aufsehen erregt. Bei den beiden Brasilianern war zum Glück noch ein Platz für mich frei und es war auch um einiges ruhiger. Ich schlief dann tatsächlich, bis auf ein paar nervige Unterbrechungen, bis um zwölf Uhr am nächsten Morgen (5. Januar). Es war ein Wunder! Und ich freute mich fast den ganzen Tag darüber, dass ich so ungewohnt ausgeschlafen war.

Nach dem Frühstück ging alles sehr schnell. Wir mussten unsere Zimmer räumen. Ana, Alejandro und ich gingen noch für ein paar Stunden in ein Museum in der Stadt – ich hoffte, es würde dort einigermaßen warm sein, doch das war wieder nicht der Fall! – und aßen erneut außerhalb, um dem wahnsinnig scharfen Essen im ‚Hotel' zu entgehen. Als wir zurückkamen, packten wir unsere Sachen *zusammen, hielten auf der Straße eine Rikscha an und fuhren zum Bahnhof von Chandigarh. Ich war froh, endlich hier wegzukommen. Ich würde bestimmt nicht melancholisch an meine Zeit in dieser Horrorstadt zurückdenken! Am Busbahnhof angekommen ging es dann nach längerem Warten mit dem nächsten Bus nach Jalandhar.*

*

Bei meiner Ankunft in DJs Zuhause musste ich schockiert feststellen, dass er keine richtige Dusche in seinem Haus hat – tief in meinem Inneren hatte ich es geahnt und trotzdem für unmöglich gehalten! Stattdessen gibt es nur ein gefliestes Bad, in dem in Kniehöhe ein Wasserhahn angebracht ist. Hieraus lässt man kaltes Wasser in einen großen Eimer fließen und vermischt dieses mit zuvor auf dem Herd in der Küche gekochtem Wasser, um sich danach wie ein Elefant das mit einem kleineren Gefäß aus dem großen Eimer geschöpfte Wasser über den Kopf zugießen. Der Grund für die fehlende Dusche ist, dass sein Vater Kommunist sei und all sein erwirtschaftetes Geld in die Grundschule stecke, deren Direktor er ist, erklärte mir DJ. Sechs Wochen ohne Dusche, das wird eine schwierige Zeit für mich… Wie ich jetzt schon meinen deutschen Luxus vermisse, den ich zuvor nie zu schätzen wusste, sogar als normal ansah, obwohl er das in Wirklichkeit nie war!

Zudem wird auch akuter Platzmangel an der Tagesordnung stehen! Wir wohnen zurzeit zu zehnt in dem kleinen Haus, welches nur aus wenigen Zimmern besteht, weshalb es sehr eng ist und wir uns sowohl Räume als auch Betten mit mehreren anderen Personen teilen müssen. Das Gute an den vergangenen Tagen ist jedoch, dass es für mich kein Problem mehr darstellt, dass ich mir mein Bett mit fremden Menschen teilen muss. Ich bin schon dankbar, wenn sie nicht betrunken sind, nicht permanent kotzen und ich mehr als vier Stunden am Stück neben ihnen schlafen kann! Glücklicherweise gehören auch Ana und Alejandro zu meinen Mitbewohnern, was mich glücklich macht, da wir uns nach den einprägsamen Erlebnissen der letzten Tage sehr nahegekommen sind.

Vorhin hatte ich mit DJ noch ein langes und vor allem intensives Gespräch über Indien, die indische Mentalität und wie Inder so ticken – und das war dann wohl der berühmte ‚Kulturschock‘, von dem immer alle sprechen! DJ eröffnete mir, dass ich neben Spanisch und Deutsch auch Englisch und Französisch unterrichten werde. Ich war im ersten Moment ziemlich schockiert und sagte ihm, dass ich nicht gut genug Englisch beherrsche, um es Studenten zu unterrichten, und kein einziges Wort Französisch spreche. Ich hatte zuvor ja auch nie behauptet, dass ich das könnte! Woraufhin er meinte, das sei gar nicht nötig, es hätten an seiner Uni schon Studenten Englisch- und Französischkurse gegeben, die keine Kenntnisse in diesen Sprachen hatten. Sie hätten sich einfach mit einem Laptop und Google Translator vor die Klasse gesetzt und jeden einzelnen Satz, den sie sagen wollten, übersetzt und angeblich hätte es keiner bemerkt, was ich mir nicht vorstellen kann. Also bitte, das merkt doch jeder, wenn ich eine Sprache unterrichte, die ich gar nicht spreche!

Er machte mir klar, dass ich mir keinen Kopf darüber machen sollte, da hier in Indien alle unprofessionell wären und diese Art von Tricks auf der Tagesordnung ständen. Aber mir erschien das lächerlich und zudem völlig schwachsinnig. Wieso sollte ich einen Französischkurs bei einem Lehrer machen, der gar kein Französisch spricht, und dafür auch noch Geld bezahlen, selbst wenn es nur ein paar Cent pro Stunde sind? Zudem erwähnte jemand, dass Mefi aus Nigeria, der auch wie so viele andere bei uns wohnt, Englisch wie seine Muttersprache spreche und zurzeit auch dringend einen Job suche, weshalb das – meiner Meinung nach – doch die perfekte

Arbeit für ihn wäre. Dabei kam nach einigem Hin und Her der wahre Grund ans Tageslicht, wieso die Organisatoren ausgerechnet mich als Dozentin wollten, obwohl ich längst nicht so kompetent wie Mefi war. Und wenn ich recht darüber nachdenke, bin ich mir nicht sicher, ob ich das wissen wollte…

Er sagte mir, ich sei perfekt für den Job, weil ich blond, hellhäutig und eine Deutsche sei. Die Schüler bevorzugten deutsche Lehrerinnen und hätten sich schon öfters beschwert, weil sie von keinen unterrichtet würden. Mefi sei im Gegensatz zu mir „black and short", den würde niemand als Lehrer haben wollen – Er ist tatsächlich nicht groß, vielleicht 1,50 Meter, was aber natürlich nichts über seine fachliche Kompetenz aussagt!

Des Weiteren erklärte mir DJ, dass die Schüler bestimmt permanent Fotos von mir schießen und diese stolz ihren Verwandten und Freunden zeigen würden, behaupteten, ich wäre ihre Freundin, wir hätten ein super Verhältnis miteinander, träfen uns täglich und würden über alles Erdenkliche quatschen. Ich war sprachlos. Als er mir erklärte, dass seine Mitstudenten zum größten Teil nicht einmal von Indern selbst unterrichtet werden wollten und im Prinzip sogar rassistisch gegen sich selbst wären, konnte ich meinen Ohren nicht trauen. Wie ist es möglich das Haut- und Haarfarbe das ganze Leben bestimmen? Ich war zu tiefst schockiert und bin es immer noch! Erneut frage ich mich, wo ich hier hineingeraten bin? Alles wirkt so unrealistisch…

Es gäbe Hautcremes in Indien, die die eigene Haut heller machen würden, weil viele Menschen ihre eigene Hautfarbe nicht akzeptieren könnten, da sie unbedingt hellhäutig sein möchten. Dass das nicht sonderlich gut für ihre Haut ist, kannst Du Dir vorstellen! „Viele erleiden bei der Benutzung schwere Verbrennungen von Bleichmitteln, die nicht auf der menschlichen Haut verwendet werden dürfen!", stellte DJ mit finsterer Miene fest. Noch ironischer wird das Ganze, wenn man bedenkt, dass viele meiner Mitmenschen in Deutschland regelmäßig ins Sonnenstudio gehen, um sich zu bräunen. Es ist eine verdrehte Welt! Alles, wie ich es die letzten zwanzig Jahre kannte, ist nun völlig anders!

Ich verstehe all das wirklich nicht mehr... Und ich bezweifle, dass ich es je verstehen werde!

Donnerstag 6. Januar, Jalandhar

Ich liege gerade in meinem Bett in Jalandhar und es ist eiskalt. Ich habe sage und schreibe ACHT Oberteile an, VIER Hosen, bin fest eingepackt in meinen Schlafsack und friere trotzdem unerträglich! Hoffentlich geht das nicht die nächsten sechs Wochen so weiter! Ich ertrage diese furchtbare Kälte nicht mehr! Es ist wirklich grausam. Vor allem wenn ich mich von meinem Selbstmitleid loseise und mir bewusst wird, dass es so viele Menschen in diesem Land gibt, die im Gegensatz zu mir kein Dach über dem Kopf haben, keine dicken Anziehsachen und schon gar keinen Schlafsack besitzen.

Nach unserem langen Gespräch gestern gingen DJ und ich gegen vier Uhr morgens ins Bett. Wir liefen ins Wohnzimmer und er sagte mir immer wieder, ich sähe aus wie Uma Thurman, was mich peinlich berührte. Noch komischer, wenn auch sehr lieb war es, als er mich in die Decke einpackte, wie ein Vater es mit einem Baby machen würde, so dass ich trotz der Kälte nicht mehr frieren konnte. Dann schliefen wir ein und ich hatte eine wunderbare, lange, erholsame und vor allem warme Nacht. Es war ein Traum, ich wollte gar nicht mehr aufstehen, einfach die nächsten sechs Wochen eingepackt in meinem Kokon aus Decken im Bett liegen bleiben. Aber nein, so geht das natürlich nicht!

Heute Morgen, oder sollte ich eher Mittag sagen, wachten wir gegen halb eins auf und redeten gute drei Stunden. Es war heftig, was er mir über das indische Leben berichtete: Seine Eltern wurden zwangsverheiratet und sahen sich das erste Mal auf ihrer eigenen Hochzeit, das gleiche ist auch für ihn geplant, denn das ist – laut ihm – hier völlig normal! Seine Schwestern wurden bereits vor einigen Jahren verheiratet. Seine Eltern hatten immer nur miteinandergeschlafen, um Kinder zu bekommen. Die Anzahl ihrer Kinder war dabei weder willkürlich noch gewünscht: Sie haben vier Kinder, weil die ersten drei Mädchen wurden. Es war jedoch notwendig, noch einen

Jungen zu bekommen, da Mädchen in Indien „nicht allzu viel wert sind. Zudem sind sie ziemlich teuer!" (Zitat DJ). Dies begründet er damit, dass die Eltern ihnen eine hohe Mitgift in die Ehe mitgeben müssen. Sein Vater musste nach jeder Geburt einer Tochter auf den Markt gehen, um Gold einzukaufen, damit es ihm möglich sein würde, seine Mädchen eines Tages zu verheiraten.

Zudem erklärte er mir, dass ihn indische Beziehungen langweilten, da sich die zwei Verliebten monatelange treffen, ohne dass etwas passiert. Er berichtete weiter, dass sie es vor allen anderen geheim halten müssen, dass sie sich regelmäßig sehen, auch wenn nie etwas zwischen ihnen passiert ist. „Nach einem guten halben Jahr, kann es tatsächlich passieren, dass die beiden sich küssen, muss es aber nicht! Es kann auch noch viel länger dauern." So seine Worte. Und genau das sei der Grund, weshalb Inder Europäerinnen – abgesehen von ihrem ungewöhnlichen Aussehen – so toll finden, erklärte er mir. Denn dort geht dieser ganze Beziehungsmarathon um einiges schneller! Er stellte fest, dass nur die wenigsten Inder vor ihrer Ehe überhaupt irgendeine Art von Beziehung hatten: „Und wenn ein Junge ein Mädchen findet, welches an ihm interessiert ist, glaubt er sofort, dass es sich bei ihr um die Liebe seines Lebens handelt, da ihm so etwas zuvor noch nie passiert ist."

Das waren ziemlich viele und verwirrende Informationen. Trotzdem wurde mir während unseres Gespräches so einiges klar: Ich verstand, wieso ich im ‚Rose Garden' indische Männer gesehen hatte, die miteinander Händchen hielten, und wieso sich die männlichen Teilnehmer der Studentenorganisation immer permanent umarmten oder sich sogar Küsschen gaben, was mich die letzten Tage ziemlich verwirrt hatte. In Deutschland würden Beobachter ihre Verhaltensweisen als homosexuell deuten. Aber hier ist das ihre Art, wie sie ihre Sehnsucht nach Zärtlichkeit und Liebe ausleben, da es für sie nicht so einfach wie für uns ist, da sie keine Freundin haben können, die sie in den Arm nimmt.

Unsere deutsche Kultur erscheint mir plötzlich so unglaublich offen und jeder findet dort drinnen einen Platz, während in Indien alles sehr traditionell ist und die Menschen deshalb nur wenig Spielraum haben. DJ berichtete weiter, dass Mädchen hier, wenn es dunkel wird, nicht mehr aus dem Haus dürfen, weshalb in allen Pubs nur Männer vorzufinden sind. Auch die Studentinnen sind eingeschränkt, denn nach fünf Uhr abends dürfen sie den Campus nicht mehr verlassen. „Und wenn tatsächlich einmal eine Frau ausgeht, um tanzen zu gehen und unter Leute zu kommen, dann dürfen die Männer nur zuschauen, aber nicht mit ihr flirten!", sagte er mir. Es ist so verrückt, nicht nur die Städte sehen aus, als wäre ich 200 Jahre in die Vergangenheit zurückgereist, sondern auch die Mentalität der Inder ist so verschieden zu unserer europäischen, dass es schwerfällt, Gemeinsamkeiten zwischen uns zu finden, obwohl wir alle Menschen sind! Das alles scheint noch widersprüchlicher, wenn Du Dir bewusst machst, dass das Kamasutra aus Indien kommt! Doch DJ erklärte mir, dass damals alles noch anders war und die Menschen noch freier sein konnten.

Mittags gingen wir noch ins Stadtzentrum von Jalandhar und waren im sogenannten ‚Reichen-Viertel'. Ich war schockiert, bei uns sehen selbst die armen Stadtteile ansehnlicher aus, abgesehen davon, dass es bei uns nicht derart krasse Unterschiede gibt. Es war überall unglaublich dreckig. Hinzu kam, dass ich mir wie ein merkwürdig aussehendes Alien vorkam. Die Bewohner Jalandhars schauten, nein, starrten mich unentwegt an, als wäre ich ein berühmter Popstar, winkten mir zu, kamen zu mir, um mir die Hand zu schütteln oder Fotos mit mir zu machen und mich zu fragen, wo ich herkomme? Was ich hier mache? Wie mir Indien gefalle? Wenn ich ihnen erklärte, dass ich aus Deutschland komme, schauten sie mich so fasziniert an, als hätte ich ihnen gesagt, ich wäre Jesus, waren total begeistert, egal, was ich von mir gab. Wir aßen etwas an einem Stand am Straßenrand, der nicht unbedingt hygienisch aussah, und das Essen war erneut viel zu scharf für mich. Schon nach wenigen Bissen lief mir die Nase und ich hatte nur noch den Wunsch, etwas zu trinken! Doch mit viel Willenskraft und auch einer guten Portion Hunger konnte ich die Mahlzeit doch zu mir nehmen.

Danach fuhren wir mit einer Fahrrad-Rikscha zurück nach Hause. Ich fühlte mich unwohl dabei, da es mir unmenschlich erschien, hinten auf dem Fahrrad zu sitzen, während der arme, abgemagerte Mann vorne wie verrückt strampeln musste, damit wir überhaupt vom Fleck kamen. Aber Axel (ein weiterer Brasilianer, der wie ich bei DJs Familie wohnt) machte mir klar, dass diese Fahrradfahrer auch etwas verdienen müssen und ich ihre Situation nicht verbessere, indem ich sie boykottiere, und damit hat er wohl Recht. Bei DJ angekommen, legten wir (Axel, Ana, Alejandro, Anastasja (eine liebe Russin, die auch zu meinen Mitbewohnern zählt) und ich) uns aufgrund der fast unerträglichen Kälte, die überall herrschte, sofort gemeinsam in DJs großes Bett, redeten aber noch viel miteinander. Wir hatten heute wieder massenhaft gesehen und mussten uns über alle Merkwürdigkeiten austauschen und die uns fremden Eindrücke gemeinsam verarbeiten. Ich erinnere mich, dass es vor ein paar Tagen für mich noch befremdlich war, mit Fremden gemeinsam in einem Betten zu liegen! Aus ganz praktischen Gründen ist es jedoch schon jetzt zu unserer Gewohnheit geworden. Gegen vier Uhr nachts verließen Anastasja und ich DJs Zimmer und gingen zum Schlafen nach unten, ich ins Wohnzimmer und sie zu DJs Mutter. Aufgrund des Platzmangels schläft Anastasja bei ihr im Bett. Auch das scheint für alle völlig normal zu sein, ob-wohl sie kein Familienmitglied ist…

Anastasja hat uns heute übrigens ziemlich zum Lachen gebracht. Sie ist, wie Du weißt, Russin und meinte, es wäre hier so kalt, dass sie am liebsten sofort zurück in ihre Heimatsstadt Moskau gehen würde. Und da Russland für uns alle der Inbegriff für eisige Kälte ist, erscheint es fast lächerlich, dass sie sich dorthin zurückwünscht, da es dort noch um einiges kälter sein muss! Aber zugleich verstehe ich sie sehr gut, dieses nasskalte Wetter macht uns allen zu schaffen, dass wir weder Fensterscheiben noch eine Heizung haben und es drinnen, sowohl in den Wohnräumen als auch im Badezimmer, immer genauso kalt wie draußen ist, lässt einen permanent frieren. Ich habe das Gefühl, nie die Möglichkeit zu bekommen, mich vollkommen aufwärmen zu können. Selbst beim ‚Duschen' kommt bei jedem Atemzug, weißer Rauch aus meinem Mund. Ich glaube, ich habe noch nie so viel und so heftig in meinem Leben gefroren wie hier…

Heute Abend wurde mir dann gesagt, die für mein Praktikum Zuständigen riefen mich morgen früh an, damit ich noch Samstagmorgen mit meiner Arbeit in der Universität beginnen könnte. Obwohl ich mich auf dieses Praktikum sehr gefreut hatte, gebe ich offen zu, dass ich sehr traurig darüber bin, dass es schon dieses Wochenende anfängt. Die anderen Brasilianer planen in den Westen Indiens zu reisen und ich würde so gerne mit ihnen verreisen, da das Ziel Jaisalmer ist und sie dort eine mehrtägige Kameltour durch die Wüste machen wollen. Aber das klappt wohl nicht, denn DJ verkündete mir heute ernst und selbst traurig darüber, dass ich nicht mit den anderen mitkommen kann: "There is no way! They'll call you tomorrow and then you have to go to the university to teach. That's your job! That's why you are here!"

Und natürlich hat er Recht! Ich bin für das Praktikum nach Indien gekommen, nicht wegen der Reisen, auch wenn ich so gerne mitgehen würde und die anderen furchtbar beneide, dass sie Indien erkunden können. Aber es sieht so aus, als werde ich nicht an diesem Abenteuer teilnehmen können, auch wenn ich alle Möglichkeiten tausendmal im Kopf durchgehe, scheint es so, als gäbe es keinen Ausweg für mich und ich werde, wie geplant, am Samstagmittag meine Arbeit antreten müssen.

Freitagnacht 7. Januar, im Bus nach Neu-Delhi

Sitze gerade im Bus nach Neu-Delhi und das nicht, weil ich nach all den schockierenden Ereignissen schon auf dem Rückweg nach Deutschland bin, sondern weil wir auf Reisen gehen! Jaaaaa, ich freue mich so sehr, das kannst Du Dir gar nicht vorstellen! Eigentlich sollte ich das nicht, aber das ist meine einzige Chance vor Beginn meines Jobs noch einen anderen Teil Indiens zu sehen, abgesehen davon ist dort Wüste, weshalb es dort ein ganzes Stück wärmer zu sein scheint. Wer hätte gedacht, dass ich einmal in die indische Wüste reise, um mich dort etwas aufwärmen zu können? Wie hätte ich dieser verlockenden Versuchung widerstehen können?

Eigentlich hätte ich morgen zu arbeiten beginnen sollen, doch da es heute niemand für nötig hielt, mir Bescheid zu geben, habe ich mir auch ein Busticket geholt und bin mit den anderen auf dem Weg nach Neu-Delhi. Ich musste auf mein Herz hören, das sich so sehr nach diesem Abenteuer gesehnt hat, auch wenn ich mir tatsächlich Sorgen mache, diesen Job zu verlieren, bevor ich ihn überhaupt antreten konnte…

Aber zurück zu heute Morgen:

Der Spruch „Jetzt ist die Kacke aber am Dampfen!" nahm das erste Mal in meinem Leben für mich Bedeutung an. Es ist so kalt draußen und da unser Toilettenfenster nur aus einem dünnen Netz besteht, ist es auch dort drinnen nicht wärmer. Dies hat zur Folge, dass beim täglichen Toilettengang richtige

Dampfwolken aus der Kloschüssel aufsteigen. Das ist wirklich übel! Selbst während meiner Katzenwäsche, bei der ich in einem großen Eimer stehe und heißes und kaltes Wasser wie ein Elefant mit seinem Rüssel über mir ausleere, kommt beim Ausatmen eine große Dampfwolke aus meinem Mund. Es ist alles furchtbar mühselig und selbst die alltäglichsten Dinge brauchen wahnsinnig viel Zeit.

Vor einigen Tagen fragte mich DJ tatsächlich, warum ich denn immer gut 1 ½ Stunden im Bad bräuchte. Das liegt nicht daran, dass ich so viel Zeit benötige, um mich ansehnlich zu machen, für was auch? Zuhause brauche ich meistens nicht länger als 20 Minuten für meinen morgendlichen Waschgang! Ich bin auch immer froh, wenn ich wieder alle Klamotten anhabe und dadurch weniger friere. Der Grund für diesen langen Aufenthalt liegt darin, dass ich eine halbe Stunde brauche, um mich auszuziehen, und die gleiche Zeit, um meinen Berg von Klamotten wieder anzuziehen. Die Tatsache, dass es kein Klopapier gibt, erleichtert mir das Leben auch nicht unbedingt – Glücklicherweise habe ich viele Tempos mitgebracht! Ohne diese wäre ich verloren… Ich habe mir zudem angewöhnt in Restaurants immer Servierten in meine Handtasche zu stecken, falls mir in nächster Zeit die Taschentücher ausgehen sollten. Die meisten dieser Servierten sind jedoch nicht sonderlich weich, sondern erinnern an viel zu dünnes Schmirgelpapier, was jedoch immer noch besser ist als gar kein Papier – glaub mir einfach!

Nach der gewohnten Duschqual ging es dann mit Anastasja und Axel auf einen Markt in der Nähe unserer Wohnung. Das war ein sehr schönes Erlebnis, weil der Markt so typisch indisch war. Wir frühstückten dort. Wichtige Anmerkung: Selbst das Frühstück ist hier scharf! Danach taten wir so, als würden wir russisches Weihnachten feiern, da Anastasja uns berichtete, dass für sie heute Weihnachten sei. Ich kaufte mir ein paar

Handschuhe, in der Hoffnung, dass mir dadurch weniger kalt wäre – vergeblich! Zudem ist der Stoff sehr rau und reibt unangenehm auf meiner Haut. Doch das ist mein kleinstes Problem –, und wir tranken einen frisch gepressten Saft auf dem Obstmarkt. Einer alten Bettlerin gaben wir einen Saft aus, woraufhin sie uns lange verfolgte, weil sie noch Geld von uns haben wollte. Das Problem ist, dass wir manchmal hart bleiben müssen. Ich bin ja nur Studentin und es gibt viel zu viele bedürftige Menschen hier, so dass es unmöglich ist, allen zu helfen, auch wenn es mich jedes Mal wieder sehr traurig stimmt. Zudem sind wir uns auch nie sicher, ob das Geld wirklich bei den Armen ankommt oder ob die Bettler es an andere abtreten müssen. Bei Nahrungsmittel hingegen wissen wir, dass sie diese selbst zu sich nehmen, weshalb wir ihnen damit eine Freude bereiten wollen.

Bevor wir abreisten, duschte ich und wusch mir die Haare, da ich nicht wusste, wann ich das nächste Mal die Möglichkeit dazu hätte. Ja, ich habe aus meinem Fehler gelernt, den ich bei Bemant Zuhause begangen hatte: Immer duschen, wenn sich die Möglichkeit ergibt! Denn wer weiß, wie die nächste Dusche aussieht? Ob es dort, wo wir hingehen, überhaupt eine Dusche gibt? Ich bin für alles gewappnet! Auch wenn ich wirklich hoffe, dass die Duschsituation nicht schlimmer wird…

Es war so kalt in der Wohnung, dass DJs Familie ein Feuer unter der Treppe entzündet hatte. Ich traute meine Augen kaum, als ich aus dem Bad kam und das sah. Ich wäre nie auf die Idee gekommen, in meiner eigenen Wohnung Feuer zu legen. Jedoch ist es selbst für die Inder in diesem Jahr ungewohnlich kalt. Wir leiden unter einer schlimmen Kältewelle und es sind einige Menschen, die auf der Straße leben und nicht wie wir das Glück haben, viele Klamotten und Decken zu besitzen, in den letzten Tagen erfroren. Es ist furchtbar, dass dagegen nichts unternommen werden kann.

Anastasja kochte noch für uns: scharfe Kartoffeln mit Blumenkohl und Chapati. Es war wahnsinnig lecker! Gegen zehn Uhr waren wir am Bahnhof, startklar für die lange Reise. Die anderen aßen etwas, ich trank nur einen Tee, der Rest war mir wieder einmal zu scharf. Ich kann mir nicht vorstellen, dass ich mich an dieses Essen je gewöhnen werde! Danach stieß ein weiterer brasilianischer Freund von Axel zu unserer kleinen Reisegruppe. Wir sind jetzt vier Brasilianer, eine Russin und eine Deutsche. Ein sehr verrückter Haufen, nicht? Nachdem wir alle vereint waren, konnte die abenteuerliche Fahrt nach Neu-Delhi endlich beginnen.

Busfahren erinnert mich hier immer an eine Mischung aus einer Schifffahrt und einer actionreichen Achterbahnfahrt. Manchmal war es derart holprig aufgrund der metergroßen und tiefen Schlaglöcher im Asphalt, dass das Handgepäck wie schwere Steine aus den Gepäckfächern fiel, glücklicherweise jedoch niemanden erschlug, um dann unaufhaltsam durch den ganzen Bus zu fliegen. Wirklich schlafen kann ich deshalb nicht, kaum habe ich eine einigermaßen bequeme Stellung gefunden, katapultiert es mich beim nächsten Schlagloch – und die kommen hier im Minutentakt – wieder aus meinem Sitz heraus und ich schlage mit meinem Kopf an die harte und kalte Fensterscheibe. Autsch! Busfahren in Deutschland ist ein völlig anderes Komfortgefühl. Dafür jedoch bei Weitem nicht so aufregend!

Schon nach zwei Stunden hatten wir das erste Mal eine Pause eingelegt. Ana und ich verließen schnell den Bus und suchten eine Toilette in einem Restaurant neben dem Busparkplatz auf. Dort angekommen, war ich völlig aus dem Häuschen. Wieso? Ich hatte seit Tagen keine normale Toilette mehr gesehen, und diese kam europäischem Standard verdammt nahe. Ich war so begeistert, dass ich der Putzfrau gleich zehn Rupies gab und mich selbst jetzt immer noch darüber freue, dass ich wahrhaftig auf einer richtigen Kloschüssel gesessen habe und es echtes Toilettenpapier gab. Es war unglaublich, die Toilette war so sauber, dass man sich sogar draufsetzen konnte! Und es roch so gut, als hätte jemand gerade frisch geputzt! Wie sehr habe ich dieses Gefühl vermisst… Wer hätte gedacht, dass mich eine Toilette derart beglücken könnte?

Danach wollten wir Schokolade für die Reise kaufen, fanden das begehrte Objekt aber in keinem der Geschäfte, die sich in der Nähe befanden. Anas Verzweiflung war so groß, dass sie mich an die Rezeption eines Hotels zerrte und ich dort die verblüfften Männer fragte: „Do you have chocolate?" Leider konnten auch sie uns nicht weiterhelfen. Fanden es aber bestimmt sehr komisch, nachts zwei weiße Frauen zu sehen, die sie förmlich anflehten, ihnen Schokolade zu geben.

Kurz später versuchten wir unser Glück in einem kleinen, abgelegenen Kiosk und fragten erneut nach Schokolade, aber auch dort gab es keine. Scheinbar sprach sie unser Bedürfnis aber herum, denn nach einigen Momenten sprach uns ein seltsamer, dunkel gekleideter Mann an, dessen Gesicht wir aufgrund seiner großen, schwarzen Jacke nicht richtig erkennen konnten und der etwas von Schokolade vor sich hinmurmelte. Ich wollte ihm zuerst nicht folgen, die Szene erinnerte mich sehr an einen schlechten Horrorfilm. Doch Ana lief ihm gleich hinterher, also ging ich wohl oder übel auch mit. Ich konnte sie nicht alleine lassen und vielleicht hatte er tatsächlich Schokolade... Die Freude war groß, als wir in seinem kleinen, düsteren Laden genau zwei Mars vorfanden. Ich glaube, sie waren ziemlich überteuert, doch wir kauften sie trotzdem und gingen vor Freude über das ganze Gesicht strahlend zum Bus zurück. Nicht mehr daran denkend, dass unser Schokoladenkauf etwas von einem illegalen Drogengeschäft hatte.

Dann kam uns die Idee, wir könnten auch noch Wasser für die weitere Reise kaufen. Es dauerte aber – wieso auch immer

– sehr lange, bis der Mann verstand, war wir überhaupt von ihm wollten. Als er endlich Ana die Flaschen überreichte, hörten wir unseren Busfahrer den Motor seines Fahrzeuges anlassen. Ana wurde bei dem Gedanken, die anderen könnten ohne uns weiterfahren und wir blieben ohne unser Gepäck auf diesem einsamen und verlassenen Parkplatz zurück, wo es nichts gab außer einer äußerst sauberen Toilette, so panisch, dass sie sofort mit der Wasserflasche zum Bus rannte. Ich schrie ihr laut hinterher: „Wait, we have to pay!" Woraufhin sie sofort umdrehte und zurückkam, um das Wasser wieder ins Regal zustellen und dann rasend schnell zum Bus zu rennen. Was hätten wir alleine irgendwo im Nirgendwo gemacht, wenn unser Bus ohne uns weggefahren wäre? Von diesem Ort wegzukommen, wäre bestimmt nicht einfach gewesen! Kaum befanden wir uns wieder in dem großen Fahrzeug, musste ich dem Busfahrer erst einmal die Hand schütteln, mich vorstellen und ihm erzählen, wo ich herkomme und was ich hier mache. Vorher konnte es nicht weitergehen, so viel Zeit musste sein! Verrückt!

Es sind erst wenige Stunden vergangen, insgesamt sollen wir angeblich acht Stunden für die knapp 300 km brauchen, aber das auch nur, weil Nacht ist, tagsüber braucht man sogar gut zwölf Stunden. Ana hat bei ihrer Anreise aufgrund des starken Verkehrs sogar ganze 16 Stunden von Neu-Delhi nach Jalandhar gebraucht. Ein Horrortrip, vor allem wenn Du alleine unterwegs bist!

Samstag 8. Januar, im Bus nach Jaipur

Es ist 8 Uhr am Morgen und wir sitzen in einem kleinen, unbequemen Bus Richtung Jaipur, auch bekannt als die pink-farbene Stadt. Ich bin gespannt, ob sie so beeindruckend ist, wie überall erzählt wird. Wir werden sehen…

Wie soll ich sagen, es ist wieder nichts so gelaufen, wie wir es geplant hatten, aber das hätte uns klar sein müssen… Hier läuft nie etwas nach Plan! In Indien ist es schon schwachsinnig, überhaupt nur einen Plan aufzustellen und zu glauben, ihn einhalten zu können! Es wäre viel einfacher und stressfreier, einfach so in den Tag hineinzuleben und zu schauen, wo einen das Leben hintreibt, ohne sich Gedanken über Gott und die Welt zu machen.

Aber erst einmal zu der unangenehmen Busreise: Wir sitzen so eng beim Fahren, dass es mir kaum möglich ist, meinen Arm zu bewegen, geschweige denn sonst irgendetwas zu tun. Die anderen sind wieder eingeschlafen, zumindest versuchen sie es, da das aufgrund der furchtbaren Straßenschäden, der wahnsinnigen Kälte, obwohl wir uns alle schon ganz nah an-einander gekuschelt haben, und der unbequemen Plas-tikstühle ein Ding der Unmöglichkeit ist. Ich bin ziemlich er-schöpft, wir haben heute Nacht nur drei Stunden geschlafen, wenn überhaupt. Der Bus entsprach nicht ganz meinem ge-wohnten Schlafgemach. Und das obwohl ich meine Anforde-rungen in den letzten Tagen weit heruntergeschraubt habe.

*

Heute Morgen in Delhi angekommen, schaute ich schockiert aus dem Busfenster: Wir hatten maximal fünf Meter Sicht und waren völlig in einem grauen, undurchdringlichen Nebel eingehüllt. Ich hatte das Gefühl in einer dunklen Wolke festzustecken, hatte vollkommen die Orientierung verloren. So hatte Delhi nicht ausgesehen, als ich es verlassen hatte!

Während wir uns am Busbahnhof auf die Suche nach einem Bus zu unserem nächsten Ziel Jaisalmer machten, versuchten uns ein paar komische Typen die ganze Zeit zu einer Touristeninformation zu schicken. Axel lehnte das jedoch heftig ab und verbot uns weiter mit den unbekannten und aufdringlichen Männern zu reden. Seine Erklärung war einfach: Er hatte gehört, dass das eine gemeine Touristenfalle wäre, man würde uns in eine verlassene Gasse ziehen und uns dort bis auf unser letztes Unterhemd ausrauben! Wir schluckten bei seinen bildhaften Beschreibungen. Die letzten Tage hatte ich einiges erlebt, aber dass mir jemand böse gesinnt war, das war mir bisher nicht passiert. Axel, der jedoch in den letzten Wochen viel in Indien herumgekommen war, hatte uns zum Glück vor dieser unangenehmen Erfahrung bewahren können.

Nach einigem Hin und Her stellten wir frustriert fest, dass es keine direkte Verbindung zu unserem nächsten Ziel gab, und ich sah die Zeit wegrennen. Sollte ich vielleicht doch umkehren und zurück nach Jalandhar gehen, um montags – wie von mir erwartet – zu meiner Arbeit zu erscheinen. Ich hatte die Nacht zuvor einen Anruf bekommen, dass ich nicht samstags, wie zuvor vereinbart, sondern montags anfangen würde. Doch alle meine Mitreisenden sagten mir, dass ich mit Sicherheit nicht montags mit meiner Arbeit begänne! Sie beharrten darauf, dass ich es bitterlich bereuen würde, nach Jalandhar zurückgekehrt zu sein, um dort zu warten, dass ich tatsächlich eines Tages unterrichten würde. Sie hatten mich fast überzeugt, als wir nach einer gefühlten Ewigkeit herausfanden, dass wir über Jaipur fahren mussten, um Jaisalmer zu erreichen. Das hatte eine Weile gedauert, da indische Busbahnhöfe nicht so einfach zu durchschauen sind, wie das in Deutschland der Fall ist.

Man hört überall Männer laut Namen von Ortschaften schreien, die einem als Ausländer völlig unbekannt sind. Bei der Nachfrage, ob der Bus zu unserem Ziel fahren würde, schicken Dich die rufenden Männer zu einem anderen schreienden Mann, der Dir angeblich eine bessere Auskunft geben kann. Den Lautstärkepegel in der Hauptstadt Neu-Delhi und meine Verwirrtheit über diese abstruse, völlig neue Situation kannst Du Dir bestimmt nur allzu gut vorstellen. Als Inder wäre es wenigstens möglich, die Schilder über den Bussen, auf denen das Ziel steht, zu lesen und das Gelesene im nächsten Schritt zu informativen Zwecken zu verwenden. Jedoch glaube ich, dass das keiner macht, und wir Ausländer können sie nicht lesen, da sie nicht mit den Buchstaben des lateinischen Alphabets geschrieben sind. Also völlig unnötig diese Dinger!

Nach einer gefühlten Ewigkeit hatten wir einen Plan gefasst und der sah alles andere als gut für mich aus: Die Busfahrt nach Jaipur würde sechs Stunden dauern, gar nicht so lange... Unglaublich, schon nach einer guten Woche Aufenthalt in Indien habe ich den Wert von Zeit vergessen! Stunden bedeuten gar nichts mehr. Tage fliegen an einem vorbei, als wären sie nur wenige Momente vorhanden gewesen, als wären sie bedeutungslos. Danach sollte es jedoch mit dem Nachtbus zwölf Stunden nach Jaisalmer gehen, wo wir erst sonntagmorgens nach dreißig Stunden Reise ankommen sollten. Doch egal, wie oft ich es durchdachte, ich kam immer wieder zu dem gleichen Ergebnis: Die Zeit würde mir nicht reichen!

Erneut packten mich Zweifel, das alles erschien mir keine gute Idee zu sein, und alle mühsamen Überzeugungsversuche meiner neuen Freunde, waren schon im nächsten Moment vergessen. Immerhin musste ich alleine die 30 Stunden wieder zurückkreisen, theoretisch sollte montags meine Arbeit beginnen und es gab bestimmt auch keinen direkten Weg zurück. Es hatte meiner Meinung nach keinen Sinn, dreißig Stunden irgendwohin zu reisen, um dann wieder dreißig Stunden zurück zu reisen, ohne dort überhaupt etwas getan, geschweige denn gesehen zu haben, auch weil das lange Reisen in den unbequemen Busen anstrengend und nervenaufreibend ist…

Ich habe in meinem Leben schon einige verrückte und ziemlich schwachsinnige Sachen gemacht. Ich denke da nur an meine Nacht- und Nebelaktion zurück, in der ich mich von einem Tag auf den anderen dazu entschlossen hatte, einfach so von Madrid an die Costa del Sol zu ziehen, und das noch am gleichen Tag in die Tat umsetzte. Aber das hier war selbst mir zu blöd – und das soll etwas bedeuten! Doch die anderen redeten unentwegt auf mich ein, und dann tat ich es einfach, obwohl es die dümmste Idee überhaupt war, aber ich hatte meine neuen Freunde an meiner Seite und das war in diesem Moment das Wichtigste! Zurückblieb jedoch ein schlechtes Gewissen und eine Menge Ausreden, die ich vorbringen müsste, wenn die anderen mich fragen würden, wieso ich nicht rechtzeitig zu meiner Arbeit erschienen war.

Montags wollte ich Bemant erzählen, ich wäre festgesessen, da ich nicht mit dem Bus fahren konnte, weil ich mir den Magen mit ‚Street Food' verdorben hatte. Dienstags wäre sowieso Feiertag, hatte mir zumindest einer der Brasilianer erzählt (hundert Prozent sicher war ich mir da aber nicht…), weshalb ich sowieso erst mittwochs zurücksein müsste. Doch das ließ mir auch nicht viel Spielraum. Mittwochs zurück zu sein, bedeutete für mich, dass ich mich schon sonntagabends in den Bus setzen musste, um rechtzeitig in Jalandhar anzukommen. Ich würde über fünfzig Stunden reisen, hätte aber trotzdem nicht bei meiner erhofften Kameltour mitgemacht und würde am Mittwochmorgen nach vier Tagen im Bus, in dem ich auch schlafen hätte müssen, wenn dies überhaupt möglich war, und ohne Dusche total erschöpft in Jalandhar ankommen, um dann direkt in die Uni zu gehen und dort nervlich am Ende meine erste Stunde zu unterrichten. Wieso mache ich das alles? Einen größeren Schwachsinn, *wie gerade in just diesem Moment, hatte ich tatsächlich noch nie in meinem Leben veranstaltet. Das einzig Gute war, dass Reisen in Indien im Gegensatz zu den Preisen in Deutschland nichts kostet. Trotzdem hatten die anderen natürlich gut reden, sie sollten ja nicht in zwei Tagen anfangen zu arbeiten.*

*

Vor wenigen Minuten stellte ich fest, dass alles genauso ist, wie es sein sollte! Denn DJ hatte mich angerufen und er lachte erst einmal über meine Flucht und den Traum, eine touristische Kameltour durch die indische Wüste zu unternehmen. Dann sagte er zu mir, dass es gut ist, dass ich die Reise gewagt habe! Er würde alles für mich klären und ich müsste ihm nur versprechen, dass ich sofort zurückkomme, wenn er mich dazu auffordere. Aber bis dahin, solle ich mein Leben in dem mir noch völlig fremden Indien genießen, etwas erleben, die neue Kultur entdecken und mit meinen neugewonnenen Freunden reisen – einfach Spaß haben! In dem Moment dachte ich erleichtert, dass ich mich wahnsinnig geärgert hätte, wenn ich Zuhause geblieben wäre. Zudem stellte er fest, dass auch er nicht glaubte, dass ich am Montag mit meinem Unterricht anfangen würde. Wir sein in Indien, da bedeutet Montag nicht Montag, sondern irgendwann. Und in einer Woche, das bedeutete wohl niemals! Ich solle mir diese einmalige Chance, einen Kameltrip durch die Wüste zu machen, auf keinen Fall entgehen lassen. Das Abenteuer kann also weiter gehen! Und ich fühle mich auch nicht mehr so schlecht. Wahrscheinlich hat er Recht, haben alle Recht und es stimmt am Ende wirklich nicht, dass ich Montag unterrichten werde, und dann säße ich nur in Jalandhar und würde mich tierisch darüber aufregen, dass ich nicht mit den anderen abgehauen bin. Ich bin wohl noch zu Deutsch und überkorrekt für dieses Land! Wenn alles genauso klappt, wie geplant, bin ich Mittwochabend wieder in Jalandhar und fange donnerstags etwas verspätet zu arbeiten an. Das wäre doch in Ordnung, nicht?

Trotzdem gebe ich zu, dass das eine rebellische Aktion ist. Aber Diego, der nette Kolumbianer, den ich in Chandigarh kennengelernt hatte, sagte mir vor ein paar Tagen, dass ich lernen müsse, dass es in Indien massenhaft Regeln gibt, und ich mich daran gewöhnen müsse, diese permanent zu brechen, um wirklich Spaß haben zu können. Mir werde das auch niemand übelnehmen, was auch daran lege, dass ich weiß und blond bin. Meiner Meinung nach ist das kein überzeugendes Argument, aber doch eine gute Lebensphilosophie, mit der ich mich bestimmt die nächsten Wochen anfreunden kann. Einmal schauen, wie weit ich damit komme!

Gerade stehen wir im Stau, ich habe Bauchschmerzen vor Hunger und das dringende Bedürfnis, mir endlich die Zähne zu putzen. Aber das geht nicht! Eine Selbstverständlichkeit ist für mich erneut zu einem Traum geworden… Ich werde wie die anderen versuchen, ein bisschen zu schlafen. Obwohl ich bezweifle, dass mir das unter den aktuellen Bedingungen gelingen wird.

Sonntag, 9. Januar, Jaisalmer

Was gestern noch während unserer Reise geschah:

Wir kamen gegen Nachmittag mit dem Bus in der Stadt Jaipur an, die auch unter dem Namen ‚die rosafarbene Stadt' bekannt ist. Kaum hatten wir den sicheren Bus verlassen, wurden wir wieder von verrückten Rikscha-Fahrern eingekreist, die uns für ein paar Rupien überall hinbringen würden. Vielleicht sogar zurück nach Deutschland? Ich ging jedoch erst einmal Batterien einkaufen, da meine unglücklicherweise leer waren. Die Packung kostete nur zwölf Rupien (also keine 25 Cent), jedoch stellte sich auch heraus, dass die Kamera, direkt nachdem ich die neuen Batterien eingelegte hatte, anzeigte, dass sie erneut leer waren. Nach fünf Fotos war die Freude wieder vorbei und ich musste die Batterien erneut wechseln. 25 Cent für nur fünf Fotos ist dann doch recht teuer!

Nachdem wir unser Busticket nach Jaisalmer für die Weiterreise in derselben Nacht um 12 Uhr gekauft hatten, nahmen wir eines der vielen Angebote an und fuhren mit einem Inder, der die kleinen Gassen mit einer Achterbahn verwechselt hatte, durch die riesige Stadt. Ich war fasziniert, wie viele Kühe und Schweine auf den Straßen standen und machte viele Fotos. Im Stadtkern angekommen, besuchten wir barfuß einen Tempel und gingen danach zu einem großen Markt. Permanent wurden wir von Kindern und Erwachsenen um Geld angebettelt. Besonders bedrängend und unangenehm empfand ich dabei, dass mich Fremde immer wieder von allen Seiten anfassten und festhielten, um meine Aufmerksamkeit zu erregen.

Wir hatten uns den ganzen Tag nur von ein paar wenigen Chips ernährt! Als es begann, dunkel zu werden, wollten wir nur noch eines: Etwas Richtiges essen!! Hinzu kam, dass ich mich ziemlich dreckig fühlte! Ich hatte morgens zum Glück die Möglichkeit genutzt, die bis aufs Weitere die einzige bleiben sollte, um mich in einer dreckigen Raststätte frisch zu machen, wo wir uns auch Chips gekauft hatten. Dort konnte ich Zähne putzen und mir das Gesicht im Freien an einem Wasserhahn in Kniehöhe waschen. Ich nutzte die Gunst der Stunde, um auf eine Toilette zu gehen, die nur aus einer dreckigen

Kabine mit einem durch Kot verschmutzten Loch im Boden bestand, aber besser als gar nichts! Das Wort ‚Luxus‘ ist längst zu einem Fremdwort für uns geworden… Aber durch den fehlenden Toilettensitz musste ich zumindest gar nicht erst versuchen, mit meinem Hintern auf keinen Fall den Toilettenrand zu berühren, was auch seine Vorteile hatte. Ich durfte bloß unter keinen Umständen das Gleichgewicht verlieren, das wäre nicht schön für mich geendet. Aufgrund der schon generell schwer aufrechtzuhaltenden Hygiene, hätte man dieses Malheur mit Sicherheit noch die nächsten Wochen gerochen.

Nach langem Hin- und Herlaufen durch Jaipur fanden wir endlich ein schönes Restaurant, in dem jeder von uns für weniger als fünf Euro fast königlich speiste. Danach gingen wir zum Bahnhof zurück, wo wir in unmittelbarer Nähe ein Pub fanden, in dem wir die restliche Zeit bis Mitternacht totschlagen wollten, da die Temperaturen mit dem Einsetzen der Nacht wieder stark gesunken waren.

Dort erlitt ich schnell meinen nächsten Kulturschock: In der ganzen Bar gab es nur Männer! Dies liegt daran, dass es Frauen um diese Zeit nicht mehr gestattet ist, die eigene Wohnung zu verlassen. An dieser Stelle ist zu betonen, dass es erst halb zehn war. Dass Anastasja, Ana und ich nur so von Blicken durchbohrt wurden, muss ich also kaum erwähnen. Die Männer hörten gar nicht mehr auf, uns ungeniert anzustarren. Wir fühlten uns, als wären wir Pornodarstellerinnen, die gerade einen sehr heißen Strip vor ihnen hinlegten. Es war, als wäre ich eine exotische Hauptattraktion im Berliner Zoo. Die Inder hielten Händchen mit anderen Männern und tuschelten dabei, während sie immer wieder ungenierte Blicke zu uns warfen und vor einem großen Röhrenfernseher saßen, um Sport zu schauen. Wir hatten das unangenehme Gefühl, Eindringlinge zu sein, die in das falsche Milieu geraten waren und sich deshalb mitten in einer Kneipe voller Homosexueller befanden. Schon um zehn Uhr hörten die Kellner auf, uns Getränke auszuschenken, und um elf Uhr machte das Pub zu, weshalb wir erbarmungslos auf die Straße gesetzt wurden. Vorher nutzten wir jedoch die Gunst der Stunde, wer wusste, wann *wir noch einmal die Möglichkeit dazu bekämen, wuschen uns und putzten Zähne, wohlgemerkt auf der Herrentoilette, eine Damentoilette gab es erst gar nicht. Wofür auch? Über unseren Besuch würde hier mit Sicherheit noch die nächsten Wochen, wenn nicht sogar Monate geredet werden!*

Kurz nach elf Uhr standen wir an unserer Haltestelle und warteten zwei lange Stunden auf den Bus, da er Verspätung hatte. Das ist nichts Neues für uns. Danach begann erneut eine zwölf Stunden lange Busfahrt für uns.

*

Nach der langen Reise sind wir heil in Jaisalmer angekommen. Es ist jedoch zu betonen, dass die Busfahrt wirklich luxuriös war oder vielleicht empfand ich es nur so, weil ich tot müde war und die Nacht zuvor kaum geschlafen hatte. Ich kann es nicht mit Sicherheit sagen. Auf jeden Fall hätte ich nach meinem Empfinden nicht besser schlafen können, als ich es in diesem besagten Bus getan habe. Ich glaube, ich war ganze zehn Stunden völlig ausgeschaltet gewesen, so erschöpft war ich von der permanenten Reise die Tage zuvor. Jetzt fühle ich mich das erste Mal, seit ich in Indien angekommen bin, richtig erholt, wenn auch etwas dreckig. Letzteres Gefühl werde ich so schnell bestimmt nicht loswerden! Diese beiden Bedürfnisse auf einmal zu befriedigen, das wäre zu viel verlangt gewesen!

An unserem Ziel angekommen, wurden wir wieder von massenhaft Indern belagert, die uns anboten, uns mit ihrem Tucktuck – so werden die Rikschas hier auch genannt, weil sie beim Fahren ein Geräusch machen, dass sich wie „Tucktuck" anhört – überall hinzubringen, am besten zu einem Laden eines Verwandten oder dem Hotel ihres Cousins zweiten Grades. So langsam verblüfft es mich nicht einmal mehr, was sie sich alles einfallen lassen, um an unser Geld zu kommen... Wir gingen mit zwei von ihnen mit, die uns von einer einmaligen Kameltour vorschwärmten, die wir bei ihnen im Hotel buchen könnten. Dort wurden uns zudem Duschen angeboten, wie hätten wir ein solch verlockendes Angebot nach zwei Tagen Reise ausschlagen können? Vor allem da es wahrhaftig hieß, dass wir dort auch heißes Wasser hätten. Auch wenn das in dem besagten Moment noch außerhalb unserer Vorstellungskraft lag. Alleine der Gedanke, unter einer richtigen Dusche zu stehen, erschien vollkommen irreal. Derartigen Luxus sind wir nicht mehr gewöhnt.

Als wir im Hotel ankamen, waren wir nicht minder begeistert. Es war verdammt schön, sah sehr modern aus und uns wurde auch gleich Chai angeboten, was meine Stimmung wirklich sehr hob. Hinzu kam, dass es in Jaisalmer um einiges wärmer ist, als wir es aus Jalandhar gewohnt sind, so dass es uns sogar möglich ist, bei Sonnenschein nur in T-Shirts auf der Dachterrasse zu sitzen und eine wunderbare Aussicht über die gesamte Umgebung zu genießen. Ein Traum!

Dienstag 11. Januar, im Zug nach Jodhpur

Warum einfach, wenn es auch kompliziert geht? Ich könnte gemütlich Zuhause sitzen, chillen und meine Semesterferien aus vollem Herzen genießen, stattdessen verirre ich mich in indischen Städten, fahre mit fragwürdigen Männern in einem klapprigen Kleinbus mit und springe aus fahrenden Zügen, in denen ich zuvor mehr als 18 Stunden frierend versucht habe zu schlafen. Das ergibt für Dich alles keinen Sinn? Das macht nichts! Ich habe das alles in den letzten Stunden am eigenen Leib miterlebt und für mich sind die aktuellen Ereignisse trotzdem genauso verwirrend und unglaublich.

Fakt ist, ich bin gerade im Zug nach Jodhpur, dort angekommen, werde ich in einen anderen Zug umsteigen, um möglichst schnell nach Chandigarh zu kommen – Wer hätte gedacht, dass es mich so schnell wieder in diese Horrorstadt zurücktreibt? Aber nur von dort aus ist es mir möglich, auf dem schnellsten Weg mit dem Bus zurück nach Jalandhar zu gelangen. Eben sind ein paar Männer mit Trommeln in den Zug gestiegen und haben angefangen ziemlichen Krach zu machen. Ich gehe davon aus, sie wollen Geld... Vielleicht gebe ich Ihnen Geld, damit sie diesen Lärm beenden...

*

Aber erst einmal zurück zu Sonntag:

Als wir in unserem Hotel in Jaisalmer angekommen waren, über-
schlugen sich die Ereignisse. Der nächste Schritt nach einer kurzen
Verschnaufpause war eine Dusche. Es war göttlich, und es gab wie
versprochen wahrhaftig heißes Wasser und einen Duschkopf! Das ist
alles keine Selbstverständlichkeit mehr für mich! Ich hätte Stunden
unter dem Wasser stehen können, hatte ein molliges Gefühl im Bauch
und es kam mir fast so vor, als wäre ich zurück in Europa. Doch wie-
der waren wir in Eile, denn unsere Tour würde gleich beginnen.
Kaum hatte ich mich angezogen, befanden wir uns schon in einem
alten, lauten Jeep, mit dem wir in rasendem Tempo durch die bein-
druckende Wüste Indiens fuhren. Es war wie ein wunderschöner
Kindheitstraum, ein Märchen aus tausendundeiner Nacht. Wir sa-
hen wunderschöne Paläste im goldenen Sand, eine alte Ruine und
interessante Tempel, die Anwesenheit Aladins war förmlich zu spü-
ren. Ich hatte das Gefühl, ganz und gar in die magische Welt dieses
berühmten Disney-Films eingetaucht zu sein. Doch wo war unser
fliegender Teppich geblieben, mit dem wir über das Land fliegen woll-
ten und all die Wunder begeistert von oben betrachten würden?

*

Die Inder trommeln und singen immer noch, aber eigentlich
ist ihre Musik sehr gut. Ich glaube, ich bin nur ziemlich erschöpft und deshalb erst einmal skeptisch…

*

1½ Stunden später, mitten in der Wüste Rajasthans, weniger als
fünfzig Kilometer von der pakistanischen Grenze entfernt, verließen
wir das Auto und bestiegen zu sechst unsere riesigen Kamele, die in
echt ziemlich beeindruckend aussehen. Ich suchte mir unter ihnen
sofort eines aus, welches eine rosa Decke auf seinem Rücken trug,
und nannte es ‚Mariposa' (spanisch für Schmetterling), meiner

Meinung nach, ein sehr schöner Name, vor allem für ein Kamel, auch wenn dieser – wie mir meine Freunde sagten – rein gar nicht passte, aber ich war so guter Stimmung, dass mir das völlig egal war.

Es machte Spaß, auf einem Kamel zu reiten, so ohne Hektik und Eile durch die endlose Wüste zu wandern, um einen herum nichts als Sanddünen und riesige Kakteen, Kilometer weit. Außer uns war es menschenleer und wir hörten keine Geräusche bis auf das sanfte Blasen des kühlen Windes. Aber ich gebe zu, ich hatte es mir in meinen Fantasien um einiges gemütlicher vorgestellt, so eine Tour zu unternehmen. Schon nach einer guten halben Stunde, war es mir kaum noch möglich, eine gemütliche Sitzposition in dem harten und vor allem grausam unbequemen Sattel zu finden. Egal, ich biss die Zähne zusammen, ließ die unterschiedlichen Eindrücke auf mich wirken, obwohl ich wusste, dass ich sie niemals alle verdauen konnte, und genoss die wunderbare Aussicht, in der Hoffnung, bald Rast machen zu können. In dem Moment war ich froh, dass wir aufgrund des Zeitmangels nicht die Strecke über vier Tage gebucht hatten, ich weiß nicht, ob ich das ohne größere Verletzungen überstanden hätte.

Nach einigen Stunden kamen wir an einigen Sträuchern und Kakteen neben einer riesigen Düne an, rannten barfuß durch den unberührten Sand, auf dem vielleicht noch nie ein menschlicher Fuß gestanden ist, hinterließen in der völligen Leere unsere Fußstapfen und benahmen uns wie verspielte Kinder auf dem tollsten Spielplatz, den wir je gesehen hatten. Es war so ein wunderbares Gefühl, die einzigen Menschen weit und breit zu sein, das Gefühl zu haben, völlig unberührtes Land zu betreten. Wir verhielten uns, als wären wir betrunken. Trunken vor Freude, vor Glück, weil wir es nicht fassen konnten, dass uns die Welt zu Füßen lag und wir völlig frei waren! Eingenommen von einer Leichtigkeit, die einen sonst selten in diesem Ausmaß erfüllt.

Der eintretende Sonnenuntergang machte unsere einmalige Erfahrung perfekt. Als sich die ganze Wüste in ein orange-rotes Licht tauchte, während wir im warmen Sand saßen, hatte ich das Gefühl ein langgehegter Traum würde endlich wahr werden. Die Unend-lichkeit der Wüste und die Einmaligkeit dieses Momentes waren un-glaublich beeindruckend und ich weiß, dass ich diesen Abend niemals wieder vergessen werde. Als es dunkel wurde, passierte das, wovon man immer hört, es aber nicht glauben kann: Es wurde eisig kalt! Die Sonne war verschwunden und verwandelte die Umgebung in eine dunkle Eiswüste...

Wir sammelten ein paar herumliegende Sträucher und machten ein Feuer in einer großen Sandkuhle, um nicht allzu sehr zu frieren. Als die ersten Flammen zu sehen waren, setzten wir uns davor, ziem-lich nahe beieinander, um uns gegenseitig mit unserer Körperwärme die Kälte erträglicher zu machen, tranken Bier und versuchten das Grummeln unserer wütenden Mägen zu ignorieren, die erneut den ganzen Tag nichts zu essen gesehen hatten, außer ein paar Chips, die kaum nahrhaft waren. So langsam bekomme ich das Gefühl, bald das ganze Chips-Sortiment Indiens zu kennen. Wirklich befriedigend waren 150 Gramm Chips, die wir uns noch zu sechst geteilt hatten, dann doch nicht. Verrückt, dass sich während unserer spannenden Reise nicht die Möglichkeit ergeben hatte, etwas so Nötiges und Le-benswichtiges wie Essen in unseren Zeitplan aufzunehmen.

Die beiden Inder brauchten tatsächlich einige Stunden, um das Essen anzurichten, während wir das Gefühl hatten, in der kalten Wüste erbärmlich zu verhungern. Irgendwann hielten wir es nicht mehr aus! Wie lange konnten die beiden für das Zubereiten einer ein-fachen Mahlzeit brauchen? Nach langem Bitten und Flehen hatten sie Erbarmen mit uns und gaben jedem von uns eine Banane. Ich war noch nie so glücklich über Essen gewesen wie in diesem Moment, auch wenn es nur eine lächerliche, kleine Banane gewesen war. Dass die Welt gerade völlig verdreht war und nun wir um Essen bettelten, fiel uns erst später auf.

Endlich, nach langem Warten am Lagerfeuer hatten die Männer unser Essen zubereitet und wir stürzten uns, kaum hatten wir etwas auf dem Teller, ausgehungert darauf, ohne uns überhaupt einen guten Appetit zu wünschen. Es war so unglaublich scharf, dass es kein Genuss war und wir weinen mussten, während wir es gierig herunterschlangen. Doch da wir so furchtbar Hunger hatten, aßen wir es trotzdem bis auf den letzten Brocken auf.

Schon gegen neun Uhr gingen wir ins Bett. Was willst Du auch sonst in der Wüste machen, nachdem es stockdunkel geworden ist? Ich wurde beauftragt allen deutsche Gute-Nacht-Lieder vorzusingen, während wir aneinander gekuschelt unter massenhaft schweren Decken lagen, weshalb es einem kaum mehr möglich war, sich überhaupt zu bewegen. Ich entschied mich für „La le lu". Ein Lied, das alle – wieso auch immer – sehr lustig fanden und welches in den folgenden Tagen überraschenderweise zu einem furchtbaren Ohrwurm bei meinen Reisebegleitern wurde. Ja, ich würde fast sagen, es wurde zu unserem Reiselied, das immer und überall von einem von uns angestimmt wurde. Besonders amüsant fanden alle, dass sich scheinbar der Ton meiner Stimme verändern würde, während ich Englisch spreche, weshalb mir von den anderen gesagt wurde, dass ich sie an Barbie erinnere. Aus diesem Grund stimmten wir auch kurz später gemeinsam „Barbie Girl" an, wobei ich immer den Part von Barbie einnahm und einer der Brasilianer den von Ken. Wir hatten viel Spaß unter dem Sternenhimmel der Wüste Rajasthans und sangen Lieder, die bestimmt zuvor noch nie jemand an diesem Platz gesungen hatte und nie wieder singen wird. Es war eine zwar nicht sehr ereignisreiche, aber trotzdem wirklich einmalige Nacht, an die ich mich noch in zwanzig Jahren erinnern werde.

Wir erwachten gestern (Montag) sehr früh, zu sechst eingegraben unter einem Haufen Decken, mitten in der Wüste Westindiens, um den beeindruckenden Sonnenaufgang betrachten zu können, der sich vor unseren Augen wie ein wunderbares Schauspiel ereignete. Ich war trotzdem ein bisschen angeekelt, da ich Sand im Mund hatte, aber den anderen ging es zum Glück nicht anders.

Als wir uns aus den riesigen Decken ausgegraben hatten, gab es Frühstück und wir aßen es begeistert, weil wir uns nicht sicher *waren, wie lange wir dieses Mal auf die nächste Mahlzeit warten müssen. Das weiß man hier ja nie... Aber zumindest haben wir innerhalb der letzten Tage gelernt, uns damit abzufinden und auch diese Durststrecken überstehen zu können. Abgesehen davon war das Essen fast nicht scharf und das war ein tolles Gefühl. Es ist unglaublich, etwas zu essen, und sei es nur ein Frühstück, welches einem nicht schon nach dem ersten Bissen Tränen in die Augen treibt. Dazu gab es Chai: Nur auf diese Weise kann ein guter Tag im wunderschönen Indien beginnen. Ein Morgen ohne Chai wäre unvorstellbar!*

Kurz später wurden wieder unsere riesigen Kamele gesattelt, damit die spannende Reise weitergehen konnte. Der zweite Ritt war zu meinem Übel noch unangenehmer als der erste. Ich war die ganze Zeit damit beschäftigt, möglichst bequem zu sitzen, was sich als unmöglich herausstellte. Es muss bestimmt amüsant für Außenstehende ausgesehen haben, wie ich alle möglichen Verrenkungen auf diesem Kamel bewerkstelligte, als wäre ich eine besonders kreative Zirkusartistin. Nur dass diese bestimmt mehr Spaß an der ganzen Sache finden und dafür zudem auch noch bezahlt werden.

Ich habe noch heute furchtbare Schmerzen von diesem langen Ritt und einen großen blauen Fleck an einer Stelle, wo mir bis dato nicht bewusst war, dass ich dort überhaupt blaue Flecken bekommen konnte. Ja, Kamele reiten klingt sehr cool und hat etwas Abenteuerliches an sich. Aber für mich wird es das erste und letzte Mal gewesen sein, dass ich mich auf den Rücken einer dieser Tiere gesetzt habe. Das Glück der Erde liegt eindeutig nicht auf dem Rücken der Kamele! Das bestätige ich hiermit mit Nachdruck!

Nach einiger Zeit, die mir wie eine Ewigkeit vorkam, kamen wir in ein kleines Dorf mitten in der Wüste. Ich war froh, von diesem unbequemen Kamelrücken heruntersteigen zu können, und war noch erfreuter, als ich feststellte, dass uns ein Haufen verspielter Welpen erwartete, die sich riesig darüber freuten, von uns geknuddelt zu werden, vor allem Anastasja ging in ihrem Job als Hundemama völlig auf, nahm die Kleinen auf den Arm und drückte sie liebevoll an sich. Gleichzeitig wurden wir von einer Gruppe Kinder verfolgt, die alle zehn Rupien von uns wollten.

Nach dem langen Ritt und dem spannenden Dorfbesuch gab es erneut Essen und ich hatte das Gefühl, jeder Bissen würde sämtliche meiner Innereien verbrennen, als würde eine aggressive Säure mich von Innen verätzen. Doch ich biss die Zähne zusammen und aß tapfer weiter, da ich nicht wusste, wo wir das nächste Essen bekämen und vor allem wann. Abgesehen davon, woher sollte ich wissen, dass es weniger scharf wäre... Nachdem das Mittagsessen vorbei war, fuhren wir mit einem Jeep zurück zu unserem Hotel und sahen dabei eine Kamelherde mit ganz vielen Babykamelen. Es war ein wunderschönes Bild. Sie standen am Straßenrand verteilt, als wäre nichts weiter, aber wir, wir waren vollkommen entzückt von ihrem Anblick. Ich hatte nie so viele Kamele an einer Stelle gesehen, nicht einmal im Fernsehen!

In unserem Hotel angekommen, stellte ich fest, dass ich von den Organisatoren aus Jalandhar gefühlte tausend Mal angerufen worden war. Sie bombardierten mich nur so mit panischen Anrufen und SMSen, da ich jedoch die letzten 24 Stunden in der Wüste verbracht hatte, hatte ich bis jetzt keinen Empfang und somit auch nicht die Möglichkeit, mich bei ihnen zu melden. Natürlich verstand ich, dass sie aufgrund meines Verschwindens etwas nervös waren. Vor allem da DJ mir erzählt hatte, dass sich der Französischlehrer vor einigen Tagen klamm heimlich aus dem Staub gemacht hatte – gerade aus diesem Grund hatten sie die grandiose Idee gehabt, ihn durch mich zu ersetzen.

Der Französischlehrer war also in einer Nacht- und Nebelaktion zurück nach Neu-Delhi gefahren, um den nächsten Flieger ins schöne Paris zu nehmen. Kann man es ihm verübeln? Es ist schon ein krasser Kulturschock, den jeder von uns hier erlebt! Hätte er eine Stelle im romantischen Chandigarh angenommen, wäre es wohl nie so weit gekommen, denn da hätte er zumindest einen Eifelturm, um sein Heimweh zu besänftigen... Ob das ausgereicht hätte, ihn zum

Bleiben zu überzeugen, bezweifle ich jedoch sehr. Aus diesem Grund fehlte also ein Französischlehrer an der Uni, wenn auch noch ich abgehauen wäre und es deshalb keinen Spanisch- und Deutschunterricht geben würden, würde das gesamte Programm nicht mehr funktionieren. Ich meldete mich mit einem schlechten Gewissen bei meinen indischen Freunden zurück und erklärte ihnen pflichtbewusst, dass ich sofort ein Zugticket kaufen und mich noch heute auf meine Reise zurück nach Jalandhar begeben würde, was jedoch leider gut 30 Stunden dauern würde. Dass ich nicht früher erscheinen könnte, tat mir leid… Glücklicherweise meldete sich auch die soziale Organisation, bei der Ana und Alejandro arbeiten wollten, weshalb ich nicht alleine zurückreisen musste. Das war wirklich eine große Erleichterung, denn so ganz traute ich mir eine solche lange Reise in diesem fremden Land noch nicht zu!

Nach dem kleinen Hin und Her machten wir uns gleich auf den Weg ins Zentrum der riesigen Stadt, da wir die letzten Stunden in Jaisalmer noch nutzen wollten, um etwas mehr von dieser Gegend als nur die Wüste zu sehen. Jaisalmer, auch bekannt als die goldene Stadt, ist traumhaft schön! Meiner Meinung nach sogar um einiges schöner als Jaipur, wobei wir nicht viel dort gesehen hatten, dafür hatten wir es zu eilig. Von einer riesigen goldenen Festung aus konnten wir die ganze Stadt überblicken und wir fühlten uns Jahrhunderte in der Zeit zurückversetzt.

Ich nutzte die Chance, als ich die ersten Geschäfte erblickte, und kaufte mir eine wunderschöne, rote Tasche, mehrere Aladin-Hosen, in die ich ganz vernarrt bin, und ein paar andere Souvenirs, denen ich nicht widerstehen konnte. Die Sachen hier sind alle wunderschön, so richtig bunt bestickt mit Mustern, die man bei uns in Europa nicht kennt, und zudem verdammt günstig! Nachdem wir in einem guten italienischen Restaurant auf der Festung gegessen und den wunderbaren Blick auf die Stadt genossen hatten, teilten wir uns in zwei Gruppen auf, da es schon neun Uhr war, unser Zug zurück nach Jalandhar schon um elf Uhr abfahren würde und wir uns alle noch vor dieser dreißigstündigen Zugfahrt duschen und etwas richten wollten. Ein großer Fehler! Aber wer hätte das ahnen können?

Axel, Anastasja und ich liefen Richtung Hotel, zumindest in die Richtung, in der wir das Hotel vermuteten, bis uns bewusst wurde, dass wir gar nicht wussten, wo genau es sich befand, geschweige denn, wie es hieß. In Deutschland hätte ich mich unter diesen Umständen von Anfang an einer anderen Gruppe angeschlossen, hier störte mich das nicht weiter. Es gibt doch für jedes Problem eine Lösung! Zumindest waren wir dieser Meinung. Wir fragten einige Passanten, aber die Beschreibung „es sei gelb und biete Kameltouren für Touristen an" traf auf so gut wie jedes Hotel in dieser überdimensional großen Stadt zu. Als wir die anderen anrufen und nach dem Namen unserer Unterkunft fragen wollten, bemerkten wir, dass ich die Einzige war, die Anas Nummer besaß, mein Handy aber unglücklicherweise im Hotel vergessen hatte. Axel hatte sein Handy dabei, aber es funktionierte nicht, da sein Akku von unserem langen Wüsten-Trip leer war. Anastasja hatte auch ihr Handy parat und genügend Akku, aber keine Nummer, die uns weiterhelfen konnte, im Telefonbuch eingespeichert. Wir versuchten DJ anzurufen, der nahm aber nicht ab, egal, wie panisch wir es probierten. Er war an diesem Wochenende nach Mumbai gereist und dort wahrscheinlich so beschäftigt, dass ihm keine Zeit blieb, um regelmäßig auf sein Handy zu schauen.

Es war stockdunkel, schon kurz vor zehn und wir der Verzweiflung nahe. Wir hatten uns zu dritt in einer uns völlig fremden, indischen Stadt verlaufen und wussten nicht mehr ein noch aus. Zudem sah es ganz danach aus, dass ich den elf Uhr Zug zurück nach Jalandhar, wo ich in diesem Moment wirklich gerne gewesen wäre, verpassen würde und die nächste Zeit – wie lange das auch immer sein möge?! – in dieser riesigen Stadt festsitzen würde, wahrscheinlich die Nacht sogar im Freien verbringen müsste, und das, wo es auch hier, wenn die Dunkelheit eingebrochen war, empfindlich kalt werden konnte. Abgesehen davon musste ich wirklich dringend meinen

Praktikums-Verpflichtungen nachgehen. Ich hatte mich ja auch schon sehr auf die neue Aufgabe gefreut.

Plötzlich hielt ein Auto neben uns an, in ihm saßen zwei uns unbekannte Inder. Sie sprachen uns an und fragten, was wir suchten, die Panik war uns wohl schon von weitem anzusehen. Als wir ihnen unsere Geschichte erzählt hatten, sprachen sie kurz miteinander und baten uns einzusteigen. Das taten wir sofort, ohne weiter darüber nachzudenken, da wir nicht mehr weiterwussten und es uns selbstverständlich erschien, ihnen zu folgen. Was hätten wir sonst machen sollen? Wir waren vollkommen ratlos und hatten uns derart verlaufen, dass wir keinen Anhaltspunkt mehr hatten, um zurück ins Hotel zu kommen. Abgesehen davon war es auch schon Nacht und alles sah völlig anders aus als bei Tageslicht.

Nach einigen Telefonaten, von denen wir kein Wort verstanden, und kurzem Hin- und Herfahren passierte das Unglaubliche, womit wir tatsächlich nicht mehr gerechnet hätten: Ein paar Minuten später stand wir, wie aus dem Nichts, vor unserem Hotel. Es war ein Wunder! Ich glaube, ich war lange nicht mehr so glücklich und erleichtert zugleich gewesen. Axel gab den Männern aus Dankbarkeit recht viel Geld, nur kurz später stellten wir fest, dass das ein großer Fehler gewesen war. Aber auch das konnten wir in dem Moment natürlich noch nicht wissen. Wie auch? Das Leben hier ist noch unglaublich neu für uns.

Wir rannten schnell ins Hotel, uns blieb nur wenig Zeit, bis unser Zug abfahren würde. Die anderen waren fast fertig mit Packen und Duschen und zudem sehr verwundert darüber, dass wir erst jetzt ankamen. Im Eiltempo sammelten wir unsere Sachen zusammen und duschten uns noch schnell; denn wer weiß, wann wir das nächste Mal eine so tolle Dusche, überhaupt eine Dusche haben würden? Als wir nur eine knappe halbe Stunde später das Hotel wieder durch den Hauptausgang verließen, warteten dort schon unsere einstigen ‚Retter' auf uns. Sie wollten uns zum Bahnhof fahren jedoch für eine immense Summe. Als wir das verneinten, fingen sie an, uns damit zu erpressen, dass wir ihnen gerade noch so dankbar gewesen wären und dass wir ohne sie bestimmt unseren Zug zurück nach Jalandhar verpasst hätten. Es war ein bösartiger Plan! Ich war schockiert, wie schnell sich unsere angeblichen ‚Retter' in geldgierige Gauner verwandelt hatten, die glaubten, eine Goldmine in uns entdeckt zu haben.

Wir liefen weg und nahmen das nächste Tucktuck zum Bahnhof. Axel war so sauer, dass er den Tränen nahe war, und Anastasja und mir ging es nicht anders. Noch unangenehmer wurde die Situation, als sie uns mit ihrem Auto verfolgten. Und dann begannen Axel und Alejandro sich noch furchtbar über die ganze Sache zu streiten. Es war keine schöne Situation. Wir waren alle nervlich am Ende und wollten nur bei DJ Zuhause sein. Dieser Traum lag jedoch mehr als 24 Stunden von uns entfernt, denn die immens lange Reise mit all ihren Unannehmlichkeiten hatte erst begonnen und stand unter keinem guten Stern!

Am Bahnhof angekommen stiegen wir aus unserer Rikscha aus und blickten nicht ein einziges Mal zu unseren Verfolgern zurück, obwohl wir wussten, dass sie dicht hinter uns waren, um uns einzuschüchtern, immer noch in der Hoffnung, erneut Geld von uns zubekommen. Wir rannten schnell zum Zug, der glücklicherweise schon auf dem Gleis stand und zum Einstieg bereit war.

Ich schlief sehr schlecht während der Fahrt, machte fast gar kein Auge zu und das obwohl ich von dem aufregenden Wochenende und den emotionalen letzten Stunden wahnsinnig erschöpft war. Was war also der Grund meiner Schlaflosigkeit? Das kann ich Dir schnell erklären: Es war furchtbar kalt, ich glaube, ich habe noch nie so sehr in meinem Leben gefroren! Auch wenn ich die letzten Tage behauptet hatte, zu wissen, was frieren bedeutet, es war nicht vergleichbar mit dem, was ich in dieser Nacht erlebte! Dabei hatte ich einen dankbaren Platz im Zugabteil. Ich hatte das Bett – harte Pritsche würde als Beschreibung besser passen. Ich glaube, dass es solche Zugbetten in Deutschland schon nicht mehr zu Beginn des 20. Jahrhunderts gab –

, welches sich direkt unter der Decke befand. Dass meine Schlafgelegenheit furchtbar unbequem war, war aber das kleinste Problem. Unter mir waren noch zwei weitere winzige Betten, über die man noch unzufriedener hätte sein können, als ich es in diesem Moment war: Ganz unten wurde man von den vorbeilaufenden Menschen wachgehalten. Und in der Mitte war es am kältesten!

Auch wenn ich mir kaum vorstellen konnte, dass es noch kälter sein konnte, da ich das Gefühl hatte, mich jetzt schon in einen lebenden Eiszapfen verwandelt zu haben. Die kleinen, dreckigen Abteilfenster standen alle einen Spalt offen und es war unmöglich sie zu schließen, aus diesem Grund zog der kalte Wind unerbittlich durch den alten, quietschenden Zug. Und wenn man das Glück hatte auf diesem mittleren Bett zu liegen, dann zog er direkt über einen hinweg. Was im Sommer eine angenehme Briese war, musste nachts im Winter im Norden Indiens unerträglich sein. Ich wusste nicht, wie ich die 30 Stunden überstehen sollte, ohne den Kältetod zu sterben. Ich hatte mich noch nie so sehr Zuhause in mein warmes Bett gewünscht... Noch schlimmer war, dass ich wusste, dass es so schnell keine Erlösung für mich gäbe: Ich würde sowohl diese ganze Nacht als auch die nächste frieren und möge kommen, was wolle, ich musste das durchstehen! Ich hatte in diesem Moment einfach keine andere Option – auch wenn es selbst mir unglaublich erschien, dass ich zwei Nächte vor Kälte nicht schlafen können würde! Irgendwann kamen Ana und ich auf die geniale Idee, uns gemeinsam eines der maximal 40 cm breiten Betten zu teilen und schafften es dadurch, uns zumindest etwas aufzuwärmen und wenigstens für ein paar wenige Minuten schlafen zu können. Doch wie schon erwähnt, der Schlaf war in diesem Zugwaggon reichlich kurz bemessen.

Gegen fünf Uhr standen wir aus unseren Betten auf, da wir laut Plan bald an unserem ersten Stopp angekommen sein müssten. Plötzlich erklärte uns ein Inder panisch, dass wir schon an unserer Station angekommen wären und wir hier sofort raus müssten! Im Eiltempo packten wir unser ganzes Hab und Gut zusammen, doch *da war es schon zu spät… Der Zug setzte sich erneut in Bewegung und uns blieb in unserer Panik, unser Ziel zu verpassen, nur eine Möglichkeit: Und zwar aus dem fahrenden Zug zu springen!*

Das klingt ziemlich dumm und verrückt für Dich? Welcher normale Mensch spränge aus einem fahrenden Zug? Es wäre viel klüger bis zur nächsten Station zu warten und von dort aus wieder zurück zu fahren, vor allem weil wir in der nächsten Stadt einen längeren Aufenthalt hatten. Aber wir sind schon zu sehr Teil dieses ‚crazy Indian Lifestyles'. Hier ticken die Uhren anders als in Europa, so dass uns diese Alternative nicht sonderlich plausibel erschien, wir nicht mehr rational denken konnten und es für uns die sinnvollste Lösung unseres Problems war, etwas zu tun, worüber ich in Deutschland nur den Kopf hätte schütteln können. Wir sprangen also schreiend aus dem fahrenden Zug. Ich war die erste und landete vollgepackt mit allen Reisesachen sicher auf meinen Beinen, auch Ana schaffte gut zwanzig Meter hinter mir einen guten Absprung. Als die Jungs dagegen an die Reihe kam, hatte der Zug wieder an Geschwindigkeit zugenommen, weshalb sie hart in den dreckigen Graben neben den Gleisen fielen. Ein Glück blieb bis auf ein paar blaue Flecken jeder unverletzt.

Als wir alle wieder auf den Beinen standen, stellten wir etwas Unfassbares fest.

Erstens: Alejandro hatte unter anderem seinen Schlafsack aufgrund der Eile auf seinem ‚Bett' im Zugabteil vergessen. Auch mein Haarshampoo lag noch in einem der Abteile und war wohl verloren.

Zweitens: Ein Inder, den wir nach der nächsten Verbindung fragten, erklärte uns, dass wir wahrhaftig eine Station zu früh ‚ausgestiegen' waren. Dass wir das, auch wenn es für einen Außenstehenden unglaublich komisch klingen mag, alles andere als lustig fanden, kannst Du Dir vorstellen. Immerhin waren wir vor wenigen Minuten aus einem fahrenden Zug gesprungen, um hier festzustellen, dass wir in Ruhe alles hätten packen können und nichts vergessen hätten, da erst die nächste Station unsere war. Was sollten wir also jetzt tun?

Alejandro hoffte, dass er vielleicht seine Wertsachen zurückbekäme, weshalb wir uns in das nächste Tucktuck setzten und unseren Zug mit diesem kleinen, lauten und überfüllten (immerhin waren wir sechs ausgewachsene Personen mit viel Gepäck!) Gefährt verfolgten. Und tatsächlich, als wir an unserem richtigen Ziel „Jodhpur Mainstation" ankamen, stand der Zug noch im Bahnhof, als hätte er auf uns gewartet. Alejandro musste jedoch wenige Minuten später enttäuscht feststellen, dass sein Schlafsack leider nicht mehr dort war, wo er ihn liegen gelassen hatte, jemand hatte wohl die Chance genutzt und ihn mitgenommen. Bei der Kälte konnten wir das niemandem verübeln. Wahrscheinlich hätten wir das gleiche getan, wenn sich uns so eine verlockende Möglichkeit eröffnet hätte.

Die anderen wollten sich im Bahnhofsgebäude niederlassen und warten, bis unser Zug käme. Ich war jedoch rigoros dagegen und das obwohl ich für gewöhnlich keine dominante Persönlichkeit bin. Doch mir wurde fast übel von dem Anblick und dem Geruch, der in der riesigen Halle herrschte. Ich glaube, ich habe noch nie in meinem Leben etwas derartig Abstoßendes, furchtbar Erbärmliches und abgrundtief Trauriges zugleich gesehen. Ich habe das Gefühl dieses Bild wird sich für immer in meine Erinnerung einbrennen und niemals an Intensivität verlieren: Massenhaft Obdachlose lagen auf dem kalten Boden der tristen Bahnhofshalle, sie schliefen tief oder starrten uns wie Besessene an. Einige von ihnen umzingelten uns, um die Anwesenheit von Touristen zu nutzen, die sich bestimmt nicht so häufig in diese Ecke Indiens verliefen, um uns um Geld anzubetteln. Trotz dieser massenhaften Leute, die sich um uns scharrten, sah ich zuerst nur aus dem Augenwinkel, aber dann ganz bewusst und voller Entsetzen, wie sich neben mir ein Kind die löchrige Hose runterzog und auf den Boden pinkelte, auf dem seine Eltern schliefen. Nach längerem Ausharren in meiner erstarrten Position, stellte ich fest, dass es nicht das einzige war, das auf diese Weise sein Bedürfnis stillte.

Es war furchtbar! Ich wusste nicht, ob ich weinen, schreien oder wegrennen sollte... Am besten alles zusammen! Was die Situation noch verschlimmerte, war, dass die anderen anwesenden Inder all die Geschehnisse hinnahmen, als wäre das eine ganz normale Szene, wie sie sich jeden einzelnen Tag in jedem Bahnhof dieses Landes abspielte, als wäre nichts gegen all das einzuwenden – und wahrscheinlich war es für sie auch genauso! Doch ich ertrug diesen Anblick nicht! Ich war entsetzt, hätte gerne etwas gegen all das Elend, das ich in diesem Moment sah, getan und zugleich schämte ich mich zutiefst dafür, dass es mir so unglaublich gut ging und ich mich über ein paar Nächte in der indischen Kälte aufgeregt hatte, obwohl diese Menschen den ganzen Winter in diesen menschenunwürdigen Zuständen verbringen mussten, auf dem dreckigen Boden schliefen, der nass vom frischen Urin ihrer Kinder war. Dass diese Nacht die schlimmste Nacht meines Lebens war, an die ich mich mit Sicherheit noch den Rest meines Lebens erinnern werde, während für andere genau das ihr Alltag ist. Ich hatte nie etwas Schlimmeres in meinem Leben gesehen, hinzukam, dass ich den penetranten Geruch nach Pisse nicht mehr aushielt, und das Gefühl hatte, es käme mir gleich hoch, wenn ich nicht sofort, schnellstmöglich wo anders hinginge.

Ich war erleichtert und dankbar zugleich, als wir kurz darauf das dreckige Bahnhofsgebäude verließen. Wir suchten uns ein Café, in dem wir eine Kleinigkeit essen wollten, und das noch am wenigsten dreckig von Außen aussah. Alle Gebäude waren so heruntergekommen, dass dieses Vorhaben nicht einfach umzusetzen war. Wir saßen gut fünf Stunden dort drinnen, bestellten immer wieder vereinzelt Chapati und Chai. Die Speisekarten klebten vor Dreck an unseren Fingern. Ich hatte das Gefühl, mir sofort die Hände waschen zu müssen, nachdem ich sie nur kurz berührt hatte, da der Dreck von vielen Jahren an meinen eigenen Fingern hing. Auch so war der Laden nicht sehr appetitlich, weshalb wir gar nichts anderes probieren wollten *außer Brot. Wir waren uns zwar auch dabei nicht hundertprozentig sicher, doch es schien das Essen zu sein, mit dem wir noch am wenigsten falsch machen konnten.*

Irgendwann rief Ana ihren Freund an und weinte bitterlich bei dem Gedanken, dass sie jetzt bei ihm seien könnte, aber stattdessen frierend und übermüdet zusehen musste, wie grausam das Leben sein konnte. Ich verstehe sie gut! All das hier geht so langsam wirklich an unsere Substanz. Vor allem weil es kein Spiel ist, weil wir mit dem normalen indischen Leben konfrontiert sind und es nicht gewohnt sind, so viel Armut und Leid zu ertragen, selbst zu frieren und Hunger zu leiden! Ich nahm sie in den Arm und wir versuchten, die sich wie Kaugummi in die Länge ziehenden Stunde so gut wie möglich zu bewältigen, auch wenn es alles andere als einfach war. Aber immerhin hatten wir noch uns und wie sagt man so schön: „Geteiltes Leid, ist halbes Leid!" Ohne die anderen wäre ich wohl durchgedreht!

Mittwoch, 12. Januar, Jalandhar

Um zehn Uhr morgens ging die Reise gestern weiter und wir hatten zwanzig Stunden Zugfahrt vor uns, bis wir endlich an unser Ziel Jalandhar ankommen würden. Es war ein Albtraum! Ich war furchtbar erschöpft und trotzdem bekam ich kein Auge zu, denn nachts war es erneut so eiskalt, dass es uns nicht möglich war zu schlafen, und das die zweite Nacht in Folge! Ich glaube, ich habe mir nie mehr ein warmes Bett gewünscht wie in diesem Moment. Und die Zeit verging trotz permanentem auf die Uhr-Schauen in Zeitlupe. Ich war mir sicher, dass sie stehen geblieben war und das obwohl ich genau das momentan gar nicht gebrauchen konnte...

Wir verbrachten eine gefühlte Ewigkeit in diesem muffigen Zug und hatten ziemlichen Hunger, da wir wieder nicht genug zum Essen für uns mitgenommen hatten. Doch woher hätten wir wissen sollen, dass die Zeit so langsam vergeht? Aber zumindest eines war an dieser Reise sehr schön: Ich schätzte es wie nie zuvor, dass ich jemanden bei mir hatte, den ich mochte und mit dem ich über alles reden konnte. Ohne die anderen, vor allem Ana, hätte ich mit Sicherheit dreißig Stunden am Stück geweint, vor Erschöpfung und Kälte, weil ich das alles nicht mehr ertrug und nur noch nach Hause wollte. Aber so bissen wir die Zähne zusammen, versuchten stark zu sein und litten gemeinsam, unterhielten uns und lenkten uns von unserem erbärmlichen Zustand bestmöglich ab. Und es funktionierte, denn wir sind, auch wenn wir es nicht für möglich hielten, heil in Jalandhar angekommen!

*

Heute Morgen kamen wir also nach langem Warten endlich in Jalandhar an und ich war so froh, wieder Zuhause zu sein. (Ich nenne es ,Zuhause', auch wenn Ana es mir immer wieder untersagt. Es fühlt sich zwar nicht wie mein ,Zuhause' an, aber die Wärme und Liebe, die mir hier gegeben wird, schon nach so kurzer Zeit, die bekommt man tatsächlich nur Zuhause!) Es war schön, DJs Familie zu sehen und nicht mehr stundenlange mit massenhaft unbekannten Menschen in einem kalten Zug sitzen zu müssen, nicht wissend, was ich mit meiner überflüssigen Zeit anfangen soll. Überzeugt, dass ich entweder vor Kälte, Hunger oder gar Langeweile sterben würde…

Eine weitere erfreuliche Nachricht war, dass Mefi den Job als Englischlehrer bekommen hatte, welcher zuvor mir angeboten worden war. Ich freute mich sehr für ihn und zugleich war ich unendlich erleichtert, dass ich mich nicht im Englisch unterrichten versuchen musste – das wäre ein Desaster geworden! Ich befürchte aber fast, sie haben ihm nur den Job gegeben, weil sie Angst hatten, dass ich wieder von einem Tag auf den anderen abhauen könnte, da sie ja diese Erfahrung bereits mit dem besagten Französischlehrer gemacht hatten. Ich gebe zu, ich verstehe ihn sogar. Würde ich mir nicht immer wieder sagen, dass es nicht schlimmer werden kann, dass eine Verschlechterung meiner momentanen Situation unmöglich ist, würde ich in diesem Moment auch im Bus nach Neu-Delhi sitzen, um mich dort für einige Tage in einem europäisch ausgestatteten Hotel einzuschließen und den nächsten Flug zurück nach Hause zu nehmen. Aber ich halte durch. Das wird schon! Es kann nicht schlimmer werden! Ich esse noch etwas und dann geht es ab in die Uni. Ich bin gespannt; wie mein erster

Tag wird, auch wenn ich hundemüde bin. Das Abenteuer beginnt!

*

Heute hatte ich also meinen ersten Unterrichtstag und es war toll! Auch wenn ich zu Beginn der Stunde etwas überfordert mit der ungewöhnlichen Situation war, da ich vor die Klasse gestellt und mir der Auftrag gegeben wurde, nun Deutsch zu unterrichten, obwohl ich weder die Schüler kannte, noch wusste, welche Deutschkenntnisse sie hatten. Abgesehen davon hatte ich noch nie Deutsch als Fremdsprache unterrichtet. Nach einigen Minuten der Unsicherheit war es jedoch amüsant. Ich stand an der Tafel und die Studenten, die maximal zwei Jahre jünger als ich waren, schauten mich begeistert an, vor allem zwei Mädchen in der ersten Reihe konnten ihre Augen kaum von mir abwenden.

Sie waren alle so interessiert an mir, dass sie mir unentwegt Fragen über Deutschland, mein Leben und meine Person stellten, während sie mich mit großen Augen betrachteten und mir jedes Wort von den Lippen ablasen, als würde ich ihnen von wunderbaren Dingen berichten. Gerade dadurch, dass sie so offen und nett waren, machten sie es mir wirklich leicht aufzutauen. Am Ende der Stunde kamen die zwei besagten Mädchen zu mir vor und fragten mich, was ‚hübsch‘ und ‚süß‘ auf Deutsch hieße, als ich es ihnen sagte, entgegneten sie mir, ich sei sehr hübsch und süß. Dass ich nach diesem lieben Kompliment rot wurde, muss ich kaum erwähnen. Trotzdem bin ich positiv überrascht: Die Stunde hatte viel Spaß gemacht und ich freue mich darauf, morgen wieder unterrichten zu dürfen.

Der Spanischunterricht stellte sich als etwas komplizierter heraus, da ich mich nach den Vorkenntnissen der Schüler erkundigte, sie mir bei allen Themen, die ich ihnen aufzählte, erklärten, dass sie das schon gelernt hätten, aber nicht einen einzigen Satz in Spanisch über ihre Lippen bringen konnten. Aber mit ein paar Tagen Eingewöhnungsphase klappt das bestimmt auch problemlos. Ja, ich bin optimistisch, aber wie sollte das anders sein, wenn man so liebe, offene und interessierte Menschen vor sich sitzen hat? Die Inder sind verrückt, aber auch toll! Vielleicht wird die Zeit hier nach dem ersten Schock doch sehr schön! Ich bin guter Hoffnung!

Die Studenten, die das ganze Programm leiten, haben übrigens eine ganz andere Vorstellung von gelungenem Unterricht als ich: Sie haben mir gesagt, ich solle die Schüler aufstehen lassen, wenn sie mit mir sprechen, oder sie im Stehen Vokabeln abfragen und Tests an der Tafel machen. Dadurch würde ich ein gutes Verhältnis zwischen uns schaffen. Ich persönlich finde das nicht angebracht! Solche Methoden sind meiner Meinung nach völlig veraltet. Abgesehen davon bin ich 21 und die Schüler maximal zwei Jahre jünger als ich, einige wenige sogar älter, warum sollte ich nicht lieber eine lockere, aber produktive Lernatmosphäre schaffen, durch die der Unterricht allen Spaß macht. Zudem liegt mir dieser krass autoritäre Unterrichtsstil gar nicht. Das bin nicht ich! Und genau aus diesem Grund werde ich auf diese Weise kaum zu Erfolgen kommen.

Ich werde mich aber noch daran gewöhnen müssen, dass die Uni so unglaublich groß ist! Alleine über den Campus zu meinem Klassensaal laufe ich zwanzig Minuten und überall, weit und breit sind nur Inder, aber wirklich nur Inder. Ich habe bis jetzt noch niemanden gesehen, der nur ansatzweise so weiß oder blond wie ich ist. Alle sehen ganz anders aus als meine Wenigkeit. Und jeder schaut mich unentwegt an, so dass ich das Gefühl bekomme, ich laufe auf einem Catwalk und wenn ich nur einen Fehler mache, sieht es die ganze Welt und wird auch noch Wochen darüber sprechen.

Auf meinem Weg zum Klassensaal wurde ich sogar mehrmals von anderen Studenten angesprochen. Es ist verrückt, alles ist völlig anders. Ich habe noch nie in meinem Leben so viel Aufmerksamkeit genossen und ich glaube, ich werde mich daran auch nicht so schnell gewöhnen! Denn es ist falsche Aufmerksamkeit. Es geht hier nicht um das, was ich tue oder was ich kann, sondern ich werde aus dem lächerlichen Grund so sehr geschätzt, weil ich mit heller Haut und blonden Haaren geboren bin und sie nicht! Wäre ich Inderin, hätte mich niemand auf dem Campus überhaupt nur bemerkt; und das ist nicht fair, das ergibt in meiner Welt, in der Menschen nach ihrem Können und ihrem Wesen beurteilt werden, keinen Sinn!

Donnerstag, 13. Januar, Jalandhar

Verrückt, ich ging ins Bad, drehte das Wasser auf und statt aus dem Wasserhahn kam es aus einem kleinen Loch in einer Wandfliese. Ich schaute im ersten Moment verblüfft, doch flexibel wie ich seit einigen Tagen bin, wusch ich mir dann dort meine Hände. Als ich es abdrehen wollte, kam immer mehr, bis es plötzlich abrupt stoppte. Jetzt gehe ich zur Uni, sie ist so gigantisch groß! Mehr als 40.000 Studenten sind dort immatrikuliert.

*

Der Weg zur Uni hat heute ziemlich lange gedauert, mehr als die knappe Stunde, die wir gestern brauchten. Als ich mich auf den Weg zur Arbeit machen wollte, stand plötzlich DJs Mutter mit Essen vor meinem Zimmer. Ich wollte nicht unhöflich sein, also aß ich es schnell auf, um mich dann eiligst auf den Weg zu machen. Eine Rikscha vor unserer Haustür zu stoppen, war schwierig, ich brauchte eine gefühlte Ewigkeit dafür. Das liegt daran, dass mir in solchen Dingen noch die Übung fehlt. Ich hoffe immer noch vergeblich, dass die Dinger eines Tages vor mir halten und ich mich nicht jedes Mal selbstmörderisch dem Fahrer vor seine Rikscha werfen muss, damit er eine Notbremsung hinlegt, um mich mitnehmen zu können.

In der Uni brauchte ich fast eine halbe Stunde, um an der Polizeikontrolle vorbeizukommen. Auch wenn in Indien viele Sachen nicht so genau genommen werden: Wer die Uni betritt und wer nicht, wird hier detailliert dokumentiert. Die Polizisten wollten mir trotz gefühlter tausend privater Angaben nicht glauben, dass ich am anderen Ende des Geländes eine Klasse in Deutsch und Spanisch unterrichte. Bei meinem seltsamen Aussehen ist das nicht verwunderlich. Mein für die Inder sehr seltsamer Name, der in den verschiedensten Versionen ausgesprochen wird, macht es nicht besser.

Nach einer gefühlten Ewigkeit druckten sie tatsächlich ein Bild mit all meinen Daten aus und machten ein Foto von mir. Ich konnte gehen und machte mich eiligst auf den Weg zu meinem Klassensaal, der noch gute 15 Minuten Fußweg von mir entfernt lag. Dass dieser Campus so gigantisch groß sein muss… Zudem habe ich das blöde Gefühl, dass ich diese Prozedur regelmäßig über mich ergehen lassen muss, was wahnsinnig viel Zeit in Anspruch nehmen wird. Aber wahrscheinlich ist es besser, wenn ich von mir aus immer in das Sicherheitshäuschen an der einen Eingangstür gehe, als zu versuchen, unbemerkt durch die Sicherheitskontrolle zu huschen. Auch wenn ich noch nie gesehen habe, dass jemand überprüft wird, mich halten sie mit Sicherheit an, um meine Papiere einzusehen! Unauffällig sein, in der Menge untertauchen, so etwas gibt es für mich in Indien nicht! Bemant und einer seiner Freunde kamen mir bereits auf halbem Weg entgegen. Ich glaube, dass sie nach der Aktion am Wochenende, als ich in den Bundesstaat Rajasthan abhaute, Angst haben, dass ich erneut aus ihnen unbekannten Gründen geflohen sein könnte.

Verspätet kam ich an meinem Klassensaal an. Der Deutschunterricht machte mir sehr viel Spaß. Meine Schüler musterten mich erneut mit großen Augen. Ich hatte das Gefühl, sie konnten sich an meinem seltsamen Aussehen nicht satt sehen, besonders ein Mädchen in der ersten Reihe betrachtete mich, als wäre ich eine Heilige. Der Spanischunterricht war auch in Ordnung. So langsam kommt alles ins Rollen. Muss es auch, da ich hier die nächsten sechs Wochen verbringen werde!

Ich machte mich nach einem etwas komplizierten, aber erfolgreichen Tag erleichtert auf den Heimweg. Aber mein Tag war lange nicht zu Ende! Was für ein Chaos mir noch bevorstand, wusste ich in diesem Moment nicht und war deshalb noch blendend gut gelaunt. Vielleicht wäre ich gar nicht zurückgegangen, wenn ich gewusst hätte, was da auf mich zukommt. Ich dachte, mein Leben würde etwas ruhiger, wenn ich erst anfinge zu arbeiten. Aber ich glaube, in Indien existiert kein normaler Alltag… Das wäre ja langweilig!

Es fing alles damit an, dass Bemant seine Geldbörse in der Riksha verloren hatte. Zum Glück fand er sie kurz später wieder. Mefi und ich nahmen von Ramamandi, das ist ein riesiger Marktplatz, an dem ich täglich vorbeifahre, um zur Uni zu kommen, eine weiteres Tucktuck zu DJs Haus. An dieser Stelle muss erwähnt werden, dass Mefi und ich ein sehr lustiges Paar abgeben. Mefi kommt aus Nigeria, ist vom Hauttyp also noch dunkler als die Inder, und ist auch ziemlich klein, weshalb er ins Auge fällt. Vor allem wenn ich mit ihm unterwegs bin, da ich das krasse Gegenteil von ihm bin: Groß, blond und so weiß, dass ich neben den meisten Indern wie ein Geist aussehe. Zusammen geben wir natürlich ein Dream-Team ab, das selbst in Deutschland angestarrt werden würde.

Zuhause angekommen wollten wir wie gewöhnlich unseren Fahrer bezahlen, aber irgendetwas stimmte nicht! Der Tucktuck-Besitzer war wütend und schimpfte erbost mit uns. Das Problem an der ganzen Sache war, dass er kein Englisch sprach und wir kein Hindi, weshalb wir uns nicht verstanden. Nach einigen Minuten lautstarker Diskussion meinten wir, doch verstanden zu haben, dass es ums Geld ging, aber wir wussten auch nicht, wie wir die Situation auflösen konnten, da uns nicht klar war, was er genau wollte.

Mefi und er stritten sich aufgebracht miteinander und ich schaute etwas perplex, als ich plötzlich von einem Haufen Mädchen umzingelt wurde, die alle meine Hand schütteln wollten und mir kurz später sogar ein wenige Wochen altes Baby brachten, damit es mich auch anfassen konnte. Ich fühlte mich, als wäre ich eine Heilige, die das kleine Ding nur durch ihre Berührung segnete und ihm lebenslanges Glück verspräche. Das war so eine absurde Situation, dass ich mir nicht sicher war, ob ich träumte oder es tatsächlich passierte. Aber so seltsame Sachen träumt man nicht… In Indien passieren sie! Egal wie schräg es einem erscheint, alles ist möglich!

Ich wusste nicht ganz, wie ich mit der Situation umgehen sollte und es war mir peinlich, da ich mir wie ein Star vorkam, während Mefi und der Riksha-Fahrer langsam wirklich böse aufeinander wurden und ich Angst hatte, dass sie bald aufeinander losgingen. Diese zwei Szenen spielten sich nur wenige Zentimeter voneinander entfernt ab, hätten aber nicht unterschiedlicher sein können. Glücklicherweise kam wenige Minuten später DJs Schwester Anup aus dem Haus. Der Trubel vor ihrer Haustür war kaum überhörbar gewesen, um mich herum diese massenhaften Kinder, die mich alle anfassen wollten, und vor mir zwei schreiende Männer, von denen sich jeder in seiner eigenen Sprache ausließ, ohne dass sein Gegenüber ihn nur im Geringsten verstand. Ich glaube, das ganze Dorf war bereits auf uns aufmerksam geworden und betrachtete begeistert die ungewöhnlichen Geschehnisse.

Anup klärte in wenigen Sätzen den Streit mit dem Fahrer auf, während ich noch verblüffter war, als die Mädchen völlig unerwartet anfingen, mir ein Ständchen zu singen. Das war wirklich verrückt! Ich starrte sie mit offenem Mund an und wartete nur darauf, dass mir jemand ausrichten würde, dass ich mich gerade in der neusten Folge von ‚Verstehen sie Spaß?‘ befände und all das nur ein Witz wäre. Es konnte nicht die Realität sein! Als ich endlich im Haus angekommen war, war mir nicht bewusst, dass mir nur wenige Augenblicke später die nächste schockierende Nachricht bevorstand.

DJ war endlich von seiner großen Reise nach Mumbai zurückgekehrt, was mich riesig freute. Ohne ihn ist das Haus so still und leer! Ohne sein lebensfrohes Gemüt, ist es nicht das gleiche! Blöd dagegen war, dass plötzlich mein Koffer und mein ganzes Hab und Gut verschwunden waren. Ich besitze jetzt weder Zahnbürste, noch Klamotten. Meine sieben Aladin-Hosen sind das einzige, das mir geblieben ist: Fein säuberlich gefaltet auf meinem Bett, was mir in diesem Moment wie ein schlechter Witz erscheint, auch wenn dieser Anblick für einen Außenstehenden amüsant sein muss! Aber auch diese Aktion ist wieder typisch für mein Leben hier! Es klingt total verrückt, ich weiß, aber das Verrückteste, das man sich in Deutschland vorstellen könnte, ist zu meiner neuen Realität geworden.

Ana und Alejandro – dank ihnen habe ich bereits ein bisschen Portugiesisch gelernt, da ich permanent mit ihnen zusammen bin – sind, während ich noch in der Universität war, ohne mir ein Wort zu sagen, mit all meinem Hab und Gut in die Wohnung der anderen Austauschstudenten gezogen. Diese Wohnung befindet sich im Stadtzentrum und wird ausschließlich von Ausländern bewohnt. Ich kenne sie jedoch nur vom Hörensagen, da ich bisher keine Zeit hatte, dorthin zu gehen. Die beiden haben mir einen Brief auf Deutsch hinterlassen (Alejandro spricht fast perfekt Deutsch), damit ihn niemand anderes lesen kann, und mich gebeten, dass ich so schnell wie möglich nachkommen sollte, damit wir wieder vereint sind! Ich wollte natürlich nicht von ihnen getrennt sein und würde am liebsten möglichst schnell zu ihnen ziehen. Aber es gibt da ein kleines Problem: Diese kleine Wohnung, in die ich ihrer

Meinung nach einziehen soll, ist eine unvollendete Ruine, in die in den nächsten Tagen ungefähr 17 Leute einziehen werden, die sich dort zusammen drei kleine Räume und zwei Bäder teilen müssen. Deshalb empfahl mir DJ, bei ihm und seiner Familie zu bleiben, was ich auch machen werde. Trotzdem werde ich die beiden schrecklich vermissen!

Auf die Frage, wie sich die Verantwortlichen vorstellten, dass 17 Erwachsene auf so kleinem Raum wohnen könnten, da es dann sicherlich keine Privatsphäre mehr gäbe, entgegnete mir DJ, das wäre kein Problem. Die Studentenorganisation hätte die Regel, dass nicht mehr als zehn Austauschstudenten in einem Raum leben dürften und mit 17 Studenten in drei Räumen wäre diese Zahl noch lange nicht überschritten, zudem gäbe es ja noch einen Flur! So einfach ist das hier! Ob die anderen das genauso sehen?

DJ wollte sofort meinen Koffer zurückholen, aber dann entschied er kurzfristig, dass wir auf ein indisches Fest namens Lohri gehen werden, das einer seiner Nachbarn groß feiert. Bei den Nachbarn angekommen, gab es massenhaft indisches Essen und alle Gäste begrüßten sich auf eine respektvolle, aber für mich befremdliche Art und Weise, indem die Jüngeren sich vor den Älteren verbeugten und deren nackte Füße berührten. Es war wirklich eine große Feier, mit einem riesigen Lagerfeuer, an dem ich mich versuchte aufzuwärmen. Es ist immer noch eisig kalt, auch wenn ich nicht mehr täglich davon spreche. Wir reden selbst untereinander kaum mehr darüber, da es schon zu unserem Alltag gehört zu frieren. Du stehst auf und frierst, um abends wieder frierend ins Bett zu gehen, nur beim Schlafen ist es einigermaßen warm. Jeder weiß, dass allen kalt ist, deshalb gibt es interessantere Gespräche, als dieses Problem immer wieder zu erörtern. Wir ändern sowieso nichts daran! Da müssen wir durch und es bringt uns nur wenig, uns im Selbstmitleid zu suhlen!

Aus dem Hof kam laute Musik und die Anwesenden tanzten ausgelassen, wirkten glücklich und zufrieden auf mich. Auch so wurde ich liebenswürdig aufgenommen und von allen Seiten wurde mir leckeres Essen angeboten. DJ untersagt es mir, mich tanzenden Männern zu nähern und erst recht, mit ihnen freiwillig zu tanzen, da sie dieses Verhalten als einen aufdringlichen Annäherungsversuch missverstehen könnten. Sonst gab es jedoch nichts, was mich daran hindern sollte, fröhlich mit ihnen zu feiern. Dass mir mein gänzlich verschwundenes Hab und Gut noch schwer im Magen lag, hätte niemand verstanden und auch ich versuchte es zumindest für ein paar Minuten zu vergessen, um mich auf die tausend Eindrücke zu konzentrieren, die alle auf einmal auf mich einwirkten und die ich möglichst zahlreich in mich aufnehmen wollte.

Eine halbe Stunde später brachen wir erneut fast fluchtartig auf, wieso weiß ich nicht genau. Aber hier ist das immer so! Du bleibst wahnsinnig lange, störst Dich nicht an der abgemachten Uhrzeit und ganz plötzlich musst Du weg, so als gäbe es einen Notfall, als ginge es um Leben und Tod der ganzen Menschheit! Wir liefen zurück nach Hause und jetzt liege ich mit DJs Schwester in seinem großen Bett, trage meine bunten Aladin-Hosen (genau, ich trage aufgrund der eisigen Kälte nicht nur eine, sondern mehrere!), die Mefi für traditionelle deutsche Kleidung hielt, und ein altes T-Shirt seiner Schwester Anup. Sie schläft heute Nacht freundlicherweise bei mir, da mich das alles ziemlich aufwühlt, aber natürlich auch aufgrund des bestehenden Platzmangels. Es ist wirklich zu verrückt und ich habe keine Ahnung, wie es weiter gehen soll!

Freitag, 14. Januar, Jalandhar

DJ kam heute Nacht in unser Zimmer und erzählte, dass Ana und Alejandro nicht bei den anderen wären und auch meine Koffer unauffindbar. Heute Morgen regte ich mich aus diesem Grund so sehr auf, dass ich hemmungslos zu weinen begann. Alle sind weg, inklusive all meiner Klamotten, Hygieneartikel und Papiere wie Reisepass und Führerschein. Ohne meine Dokumente kann ich nicht einmal das Land verlassen, so gerne ich es momentan würde, ich kann mich ja nicht ausweisen. Ich fühle mich so alleine und hilflos wie schon lange nicht mehr! Ich habe das Gefühl, dass mir gerade alles viel zu viel wird. Wie konnte das ausgerechnet mir passieren? Wieso ich? Wieso bin ich hier?

Es ist so furchtbar, die beiden Brasilianer, die ich so gerne mochte, sind wo auch immer, aber nicht hier, bei mir, wo sie sein sollten! Einfach verschwunden! Und mit ihnen meine Zahnbürste, frische Unterwäsche und alles andere, was ich besessen hatte.... Eigentlich will ich nur duschen, mir etwas Frisches anziehen und meine Freunde zurückbekommen – aber das geht nicht! Meine indische Familie versucht mich zu beruhigen, indem sie mir massenhaft Essen gibt, ich so ein spirituelles Zeug machen muss und seltsame Entspannungsübungen, die mich vorhin jedoch erneut so furchtbar aufregten, dass ich wieder in Tränen ausbrach.

Samstag, 15. Januar, Jalandhar

Gestern bekam ich, kurz bevor ich mich auf dem Weg zur Uni machen musste, widererwartend meinen Koffer zurück, konnte mich noch schnell duschen und besser gelaunt zur Arbeit gehen. Ich glaube, wenn ich mich nicht hätte duschen, wie auch endlich frische Unterwäsche anziehen und meine Klamotten wechseln können, wäre ich während des Tages noch öfters in Tränen ausgebrochen. Aber gut, das alles ist noch einmal gut ausgegangen… Ich sollte mich nicht immer so aufregen. Bin ich zu hysterisch?

Es waren nicht wirklich viele Schüler in meinem Deutschkurs, da heute ein Feiertag ist, der für mich jedoch keinerlei Bedeutung hat, den ich bis heute gar nicht kannte. Abgesehen davon war es mühsam, die Stunde durchzubekommen. Alle sind zwar interessiert, doch machen sie Zuhause nichts, deshalb kommen wir nur zögerlich mit dem Stoff voran. Zudem haben wir kein Spanisch- oder Deutschbuch, was den Unterricht nicht unbedingt einfacherer macht. Kopien gibt es hier nicht und auch andere Hilfsmittel sind Mangelware. Also bleibt mir nur die Tafel und die Hoffnung, dass mein schwarzer Stift funktioniert, sonst wird es problematisch!

Die Situation im Spanischkurs hingegen war völlig anders: Am Anfang dachte ich, dass mich die Schüler nicht akzeptieren, weil ich keine Muttersprachlerin bin, aber jetzt macht es unheimlich Spaß, mit ihnen zu arbeiten. Täglich sind erhebliche Fortschritte sichtbar und es ist immer unterhaltsam mit ihnen, weil die Unterrichtsstunden und meine Schüler so wahnsinnig lebendig sind. Am Anfang sah ich es als mein großes Manko, dass ich nicht fließend Englisch spreche. Doch jetzt glaube ich, dass es mich sympathisch macht, da auch sie mir regelmäßig etwas Neues beibringen können. Es ist eine große Freude, mit ihnen zu arbeiten! Ich bin mir sicher, dass mir bei diesem Job die nächsten Wochen bestimmt nicht langweilig wird und ich einiges lernen werde.

Ich muss ihnen nur noch dieses furchtbare ‚Madame', welches sie vor jedem Satz verwenden, abgewöhnen. Ich fühle mich wirklich alt dabei... Als ich ihnen heute sagte, sie sollen mich doch bitte bei meinem Vornamen nennen, wir sein doch im gleichen Alter, war ihre kurze Antwort, die für mich etwas Ironisches hatte, auch wenn sie das selbst nicht so meinten: „Ok, Ma'am!" Also haben die ganzen Reden wieder nicht gefruchtet. Sie sind viel zu höfflich und respektvoll. Dieses Problem haben wohl die wenigsten Lehrer.

Nach meinem Unterricht fuhr ich in die Stadt zur Studentenwohnung. Es war alles ziemlich verwirrend und ich brauchte fast zwei Stunden, um an mein Ziel zu kommen, da uns der Rikscha-Fahrer missverstand, weshalb er uns bei Ramamandi (einem riesigen Markt) herausließ und wir nicht wussten, wie wir dort wieder wegkommen sollten. Es war auch wirklich nicht schön dort. Alles war verschlammt und mitten in diesem Dreck waren kleine Stände mit toten Tieren, um welche zahlreiche Mücken flogen. Das Gelände hatte etwas von einem Tierfriedhof, von dem ich nur schnell wegwollte und dort bestimmt nicht mein Abendessen einkaufen würde. Mir wurde fast übel, nur von dem bloßen Anblick.

Es dauerte lange, bis ich dort ein Tucktuck fand, das mich in die Stadt bringen konnte. Während der Fahrt wurde ich von einem anderen Mann, der in der gleichen Rikscha mitfuhr über meinen Aufenthalt in seinem Heimatland ausgefragt. Er war sehr interessiert und fragte mich nach meinen Eindrücken, ob Indien mir gefalle und was genau mich an seinem Land interessiere. Ob es hier anders sei als bei mir Zuhause? Es ist schön, dass alle Menschen so offen auf mich zu gehen und so viel Interesse an mir und meinem Leben in

*Deutschland haben. Gerade deshalb fühle ich mich immer wieder hei-
misch!*

*Im Internhaus (Internhaus heißt es, da die Studenten, die aus dem
Ausland kommen, dort wohnen) angekommen, versorgte mich Ana,
mütterlich wie sie ist, schnell mit einem Nutella-Brot und dann gingen wir zu einer Party mit all den anderen Austausch-Studenten. Es
war ein schöner Abend. Nachts fuhr ich mit meinen ausländischen
Arbeitskollegen Casper (Slowenien) und Antonio (Portugal) aus der
Uni in einem Taxi zu DJs Wohnung zurück. Obwohl wir, um niemanden zu stören, über den Balkon in das Haus einbrachen, wachte
seine Mutter auf. Wir nennen sie übrigens alle Mum, was sie als
Mutter aus Leidenschaft riesig freut. Ihren richtigen Namen kenne
ich gar nicht, denn sie wurde mir nur als ,Mum' vorgestellt. Es war
zwölf Uhr nachts und die indische Mutter aus Leib und Seele sprang
sofort aus ihrem Bett, um uns einen Mitternachtstee oder -kaffee zu
machen. Ich schaute sie nur schockiert an und sagte, dass sie sich
keine Umstände machen sollte. Wir bräuchten jetzt keinen Tee, sie
sollte bitte weiterschlafen und sich nicht von uns stören lassen. Es
ist der Wahnsinn, wie sehr sie ihre Mutterrolle lebt, wie sehr sie mich
schon nach einer Woche in ihr großes Herz geschlossen hat, obwohl
wir uns noch gar nicht richtig kennen.*

*Sie brachte uns noch ins Bett. Dabei bestand sie darauf, dass ich
alleine in dem großen Bett von DJ schlafen sollte, während die beiden
Männer ins andere Zimmer gehen mussten und sich dort ein 90cm
Bett teilen sollten oder einer von ihnen sich dazu überwinden müsste,
auf dem kalten Boden zu schlafen. Antonio ist zwar nur knapp 1,70m
groß, aber Casper misst gute zwei Meter, weshalb die beiden kaum
zusammen in dieses winzige Bett passen würden. Kaum war die Tür
verschlossen, setzten wir uns deshalb über ihr Verbot hinweg und
Antonio kam zu mir ins große Bett. Es ist längst nichts Komisches
mehr für mich, mir mit anderen ein Bett zu teilen. Selbst wenn es
nur für eine Person gedacht ist und in diesem großen Bett konnten
wir uns problemlos zu zweit ausbreiten!*

Sonntag 16. Januar, im Bus von Jalandhar Richtung Amritsar

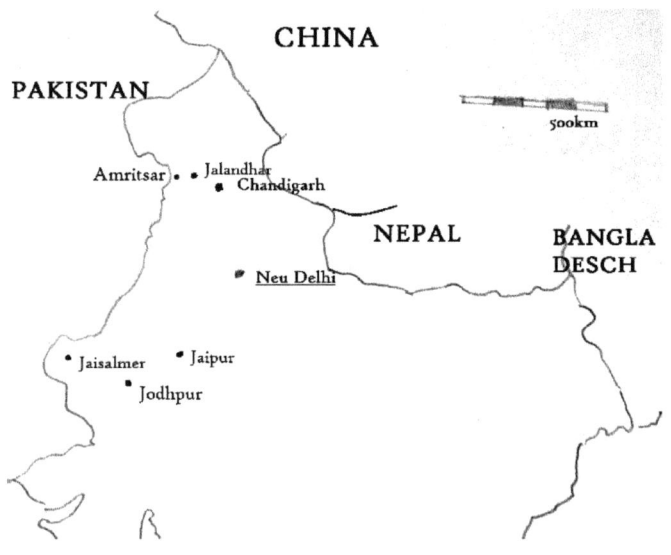

Ich habe vergessen, Dir von dem ekligen Mann zu erzählen, der auf der Party am Freitag war, und bei dem niemand wusste, zu wem er gehörte. Inder war er auf jeden Fall nicht. Er war dick und ziemlich alt, was ihn jedoch nicht daran hinderte, allen Anwesenden voller Stolz Fotos von sich zu zeigen, auf denen er nur mit Latzhosen bekleidet war, und er erzählte uns permanent begeistert und wirklich überzeugt davon, was für ein Glück er hätte, einen solchen Traumkörper zu haben. Wir waren sprachlos und angeekelt von dem, was wir sahen, taten trotzdem begeistert, als er uns auf seine ‚tollen' Brüste hinwies, die für einen Mann etwas zu viel des Guten waren und die wir im nächsten Schritt, um ihn nicht zu beschämen nur aus reiner Höflichkeit anfassten. Zum Abschied küsste er die verblüffte Ana auf den Mund, was sie nicht sehr fand, und biss mich in die Wange, worauf ich nichts entgegnete, weil mir erneut die Worte im Halse stecken blieben.

Ich war gestern wie üblich in meinem Deutschunterricht, doch niemand kam. Stattdessen merkte ich, wie zwei Jungs immer wieder am Saal vorbeischlichen und interessiert hineinschielten – Dass sie mich anschauten, aber zu schüchtern waren, um mich anzusprechen, war mir schnell klar. Als sie sich nach einigem Hin und Her hineintrauten, stellten sie mir massenhaft Fragen und wollten mehrere Bilder machen. Kurz später kam eine Gruppe mit ungefähr zehn Indern in den Saal gestürmt. Auch diese jungen Männer wollten unbedingt abwechselnd mit mir Bilder machen und bedankten sich alle einzeln mit einem Händeschütteln und tausend „Thank you, Ma'am!" dafür. Ich kam mir vor wie Heidi Klum bei einem verrückten Foto-Shooting. Mit dieser Aufmerksamkeit muss ich lernen umzugehen.

Weitere zehn Minuten später tauchte wahrhaftig noch einer meiner Deutschschüler auf. Da es sinnlos gewesen wäre, Unterricht zu machen, unterhielten wir uns ein bisschen und nach einiger Zeit erzählte er mir sichtlich beschämt, dass seine Eltern getrennt leben. Als ich ihn versuchte aufzumuntern, indem ich ihm klar machte, dass das für mich nichts Schlimmes ist und ich auch ein Scheidungskind sei, entgegnete er mir nur: „Aber hier ist das schlimm!" Und all meine netten Worte, um ihn zu beruhigen, waren zunichte gemacht! Scheidung, wenn auch nichts Schönes, aber doch etwas Normales in Europa, war für ihn, der in einer unglaublich traditionellen Gesellschaft lebt, mit dem Weltuntergang zu vergleichen.

In Spanisch waren wir ganze fünf Anwesende, mit mir eingeschlossen. Es war ein bisschen chaotisch, da ich während meiner Tafelanschriebe mit einem Stift zu kämpfen hatte, der nicht schreiben wollte, egal, wie sehr ich ihn schüttelte bzw. auf das Board drückte. Erst funktionierte er gar nicht und als es mir gelang, etwas anzuschreiben, waren nach kürzester Zeit meine ganzen Hände schwarz. Was aber ganz praktisch war, da wir die Farben lernten und ich sie immer wieder fragte, welche Farbe meine Hände haben. Das Wort ‚negro/-a' werden sie sich bestimmt dank dieses Malheurs ihr ganzes Leben lang merken können. Das ist – wenn auch ungewollt – erlebbarer Unterricht, der alle Sinne anspricht!

Nach meinem mehr oder weniger erfolgreichen Uni-Tag machten sich Antonio, Caspar und ich auf den Weg zur Studentenwohnung und von dort ging es weiter zu DJ nach Hause. Es ist so lustig, dass ich meistens an einen Ort gehe, um von dort aus an einen neuen Treffpunkt transportiert zu werden, der zum Teil sogar relativ weit weg ist. Dies passiert, da sich spontan jemand dazu entschließt, etwas anderes zu machen, als zu Beginn geplant war, und sich dann alle anschließen. DJ nahm mich auf seinem Motorrad mit, was cool war! Ich selbst habe einen Motorrad-Führerschein, bin aber leider seit Ewigkeiten nicht mehr gefahren, weshalb ich unsere kurze Fahrt aus ganzen Herzen genoss. Er ließ immer wieder das Lenkrad los und ich musste um ihn herumgreifen, um es festzuhalten und selbst das Lenken zu übernehmen. Situationen, wie sie nur hier passieren! In Deutschland käme niemand auf die Idee, sich auf eine derart riskante Aktion einzulassen…

Bei ihm Zuhause angekommen erwartete mich dann die große Überraschung: Da Monika, eine der Austauschstudenten, vor

einigen Tagen zurück in ihre Heimat geflogen war, hatte DJ sie ge-
fragt, ob er ihr Kätzchen haben könnte, und hat es mir geschenkt, da
er der festen Überzeugung war, dass ich die letzten Tage nur so viel
geweint hatte, weil ich meinen Kater vermisst hätte. Eine logische
Schlussfolgerung – an allen anderen Umständen wird es mit Sicher-
heit nicht gelegen haben! Jetzt bin ich also die Mama eines drei Mo-
nate alten, süßen Baby-Kätzchen mit rötlichem Fell. Die Inder sind
so verrückt und so unglaublich lieb zu mir! Ich habe Glück in einer
so tollen Familie zu wohnen, die mich innerhalb weniger Tage in ihr
Herz geschlossen hat und so lieb zu mir ist.

Es kamen noch ein paar andere Leute. Wir schauten Fußball, tran-
ken Bier, aßen scharfes, indisches Essen und spielten einige Spiele,
bis wir morgens um vier Uhr hundemüde zu zehnt in DJs Zimmer
einschliefen. Wir lagen halb aufeinander, weil es so wenig Platz gab,
aber ich fand es nicht einmal unbequem. Ich werde noch genauso ver-
rückt wie die Menschen hier. Wobei, ich glaube, dass ich einfach ei-
niges gelernt habe in den letzten Tagen… Zudem beginne ich so
langsam an dem Leben hier Spaß zu haben und verliebe mich in die
indische Fröhlichkeit, dass den Menschen hier nie das Lächeln ver-
geht, dass sie so unglaublich nett zu mir sind, obwohl sie das nicht
müssten.

Indien ist ein schönes Land, auch wenn ich den Alltag hier
manchmal wirklich anstrengend finde, aber die Lebensfreude und die
bunten Farben überall gleichen das wieder aus!

*

Nun sitzen wir im Bus Richtung Amritsar.

Montag, 17. Januar, Jalandhar

Jetzt zu meiner kleinen Katze: Sie schläft nachts unter meiner Decke – wie ein kleines Baby in meinem Arm – und will den ganzen Tag mit mir spielen. Es ist nur blöd, dass sie gerne beißt und sehr spitze Zähne hat. So weckt sie mich jeden Morgen, in dem sie mir in die Nase beißt, weshalb auch ich erschrocken aufwache. Eine Tollwutimpfung wäre keine so schlechte Idee gewesen, bei meinem nächsten Indien-Aufenthalt werde ich mich dieser auf jeden Fall unterziehen. Manchmal fällt sie mich urplötzlich an und kratzt und beißt mich, als wäre sie keine Hauskatze, sondern eine wilde Löwin. Sehr süß ist, dass ich im Prinzip nur mit ihr spielen muss und sie bei mir im Bett schlafen lassen soll, nichts weiter! Essen gibt ihr Mum und Anup säubert ihr Katzenklo. Es ist als wäre ich drei Jahre alt, so sehr bemuttern sie mich hier. Es ist süß, wie viel Mühe sie sich um mich geben, obwohl ich das eigentlich nie wollte…

*

Gestern waren wir also in Amritsar:

Es war ein schöner Ausflug und der ‚Golden Temple' war wahnsinnig beeindruckend. Wir durften ihn aus religiösen Gründen nur barfuß und mit Kopfbedeckung betreten. Ich glaube, das ist auch der Grund, wieso ich seit heute erkältet bin. Während wir froren, was generell nichts Neues mehr für mich ist, beteten einige Inder auf

109

Knien vor dem Tempel und badeten sich danach in dem eiskalten Wasser, das ihn umgab, als wäre er eine kleine, heilige Insel. Ich wäre nicht einmal mit meinem kleinen Zeh dort hineingegangen. Ich war mir sicher, mir den Tod zu holen, wenn ich halbnackt im Wasser baden würde. Aber das schien es den Gläubigen wert zu sein.

Wie gewöhnlich wurden viele Bilder von uns gemacht. Wir waren aber auch eine lustig zusammengewürfelte Gruppe, die aus vielen Chinesen und Brasilianern, zwei Russinnen, einem Portugiesen, einem Slowenen wie auch mir als Deutsche bestand. Es freut die Inder immer wieder, wenn sie sehen, dass Ausländer Interesse an ihrer Kultur zeigen. Und sie finden es toll und vor allem aufregend, seltsam aussehende Menschen wie uns zu treffen... Es ist verrückt, wenn ich in Deutschland einen Chinesen auf der Straße anhalten und fragen würde, ob er ein Foto mit mir mache, aus dem einfachen Grund, weil er Ausländer ist und anders aussieht, würden alle das als unangebracht und rassistisch aufnehmen. Hier ist es schon fast komisch, wenn einen andere Leute nicht fragen, ob sie E-Mail-Adressen oder Telefonnummern mit einem austauschen können... Geschweige denn von den tausend Fotos, die sie mit einem aufnehmen.

Vor dem Tempel aßen wir etwas Breiartiges aus einem getrockneten Blatt, das zu einer kleinen Schale geformt war. Ich gebe zu, dass wir allesamt wieder hungrig waren – auch das ist neben dem Frieren etwas Alltägliches für mich geworden –, da wir während unserer Reise nach Amritsar wie gewöhnlich nichts gegessen hatten. Dieses Mal lag es nicht daran, dass wir nicht die Möglichkeit gehabt hätten, sondern dass uns unsere indischen Freunde gesagt hatten, dass wir kostenlos im Tempel essen können und es dort zudem sehr schmackhaft sein soll. Und das wollten wir uns natürlich nicht entgehen lassen. Kurz später stellten wir fest, dass wir nicht so voreilig den Brei hätten essen sollen, da man zuerst mit der Schale in den ‚Golden Temple' geht, damit das Essen gesegnet wird und es erst danach zu sich nimmt. Aber dazu waren wir zu hungrig gewesen, weshalb bei unserem Tempelbesuch nichts mehr von dem Brei übrig war. Aber gut, wir sind Ausländer, solche Sachen dürfen uns zum Glück passieren.

Nun zur genaueren Beschreibung des ‚Golden Temples‘: Er ist ein riesiges, unwahrscheinlich beeindruckendes, goldfarbenes Gebäude, welches nur über eine kleine Brücke zu erreichen ist, da es mitten in klarem Wasser steht, umgeben von einer gewaltigen, steinernen Festung. Auch von Innen war er wunderschön anzusehen! Wir hörten selbstgemachte Musik und drückten uns mit einer riesigen Menschenmasse, durch die engen Hallen des Gebäudes. Jede Wand, jeder kleinster Gegenstand war aufwändig verziert und alles glänzte goldfarben wie der Name ‚Golden Temple‘ vermuten lässt. Ich habe selten ein solche beeindruckendes und zugleich so wunderschönes Gebäude gesehen. Überall saßen alte Männer mit langen Bärten in den Ecken und lasen aus überdimensional großen Büchern, während andere musizierten und die Gäste ihnen Geld zusteckten.

Nach diesem beeindruckenden Erlebnis gingen wir in ein anderes Vorgebäude des Tempels, wo es endlich das langersehnte Essen gab. Bevor wir in den Saal kamen, wurde uns ein Teller aus Metall gereicht, der mich an einen übergroßen, silbernen Hundenapf erinnerte. Kurz später wurden die Türen aufgemacht und wir in eine riesige Halle hineingelassen. Dort setzten wir uns mit ca. 500 oder vielleicht noch mehr Menschen auf den frischgewischten Boden. Während unsere Schalen aus riesigen Töpfen mit noch überdimensionalen Suppenkellen mit Essen aufgefüllt wurden, jedem von uns Chapati wie hungrigen Tieren auf den Boden vor ihm geworfen wurde und wir ziemlich verwirrt über die ganze Aktion um uns schauten, begannen die Menschen neben uns, alles in Eiltempo zu essen. Wenn man das überhaupt ‚essen‘ nennen konnte. Sie lagen dabei fast in ihrem Teller drinnen, tranken massenhaft Wasser und warteten, kaum hatten sie den Teller gelehrt, schon auf den großzügigen Nachschub, der ihnen beim zweiten Durchgang auf ihren Teller geknallt wurde. Es hatte etwas von einem Wettbewerb, dabei wurde innerhalb kürzester Zeit so viel Nahrung wie möglich zu sich genommen. Aber ich konnte gar nicht so schnell essen, wie die Teller erneut aufgefüllt wurden und war auch zu perplex, um sinnvoll zu reagieren. Aber gab es überhaupt eine richtige Reaktion auf diese Ereignisse? Es war eine wirklich seltsame Situation. Eine Situation, wie sie einem nur in diesem verrückten Land passieren kann...

Danach verließen wir mit allen anderen fast panisch den Raum, damit die nächsten hungrigen Besucher hineinstürmen konnten. Casper fragte einen der zuständigen Männer, ob wir die Küche besichtigen könnten, in der dieses massenhafte Essen hergestellt wurde. Die Verantwortlichen konnten uns natürlich keinen Wunsch abschlagen. Es war beeindruckend, was wir dort sahen. Auf dem Boden saßen ein Haufen Frauen, sie schälten Zwiebeln und buken Chapati. Männer standen an riesigen, nur für diesen Anlass angefertigten Töpfen und rührten 400 (!) Liter Suppe um. Ich fühlte mich wie ein Zwerg in einer Küche für immer hungrige Riesen. Kein Wunder, hier müssen täglich tausende von Menschen bekocht werden!

Nach diesem spannenden Einblick hinter die Kulissen, gingen wir an ein Denkmal, das im Zentrum der Stadt lag und an das Massaker von Amritsar im Jahre 1919 erinnerte. Wir wollten dort nur ein bisschen auf dem Rasen entspannen, doch das funktionierte natürlich nicht so, wie wir es uns vorgestellt hatten. Wie immer erregten wir viel Aufmerksamkeit, weshalb nach kurzer Zeit eine Gruppe mit zwanzig Indern zwischen uns saß, uns in ein Gespräch verwickelte und unbedingt Fotos mit uns machen wollte. Dabei war es unser einziger Wunsch gewesen, uns auszuruhen, da der Samstagabend bei DJ sehr lange geworden war und wir aus diesem Grund die Nacht zuvor nur wenige Stunden Schlaf bekommen hatten.

Nachdem wir mit ihnen geredet hatten, stellten wir fest, dass wir die Zeit vergessen hatten. Wir mussten dringend ein Auto bekommen, um noch rechtzeitig an die pakistanische Grenze zu gelangen, da dort bald die tägliche abendliche Zeremonie beginnen würde und wir diese natürlich auf keinen Fall verpassen wollten. Wann würden wir wieder die Chance bekommen, an der Grenze zu Pakistan zu stehen? Wahrscheinlich niemals, da musste man sich gar nichts vormachen! Also rannten wir hektisch durch die Stadt auf der Suche nach einem Taxi, in dem genug Platz für uns alle sein sollte. Das war nicht so einfach, denn wir waren in einer großen Gruppe unterwegs.

Glücklicherweise fanden wir nach einigem Hin und Her ein kleines Auto, in das wir uns zu zehnt hineinquetschten. Dass das alles andere als schön war, kannst Du Dir bestimmt vorstellen – Aber was macht man nicht alles, um nach Pakistan zu kommen? Einer nach dem anderen drückte sich in das viel zu kleine Fahrzeug, der letzte wurde schließlich vom Fahrer mit Gewalt hineingeschoben und die Tür hinter ihm fest verschlossen. Ich saß während der ganzen Fahrt in der Luft, konnte aber nicht fallen, da ich zwischen den anderen eingequetscht war und keinerlei Bewegungsfreiraum um mich herum bestand. Das war ein merkwürdiges Gefühl. Wir wurden während der ungemütlichen Fahrt von einer halben Stunde mit lauter, indischer Musik zu gedröhnt und waren so ausgelassen, dass wir begeistert mitsangen, obwohl wir kein Wort verstanden. An unserem Ziel angekommen, öffnete uns der Taxifahrer die Tür und zerrte uns einzeln aus dem Auto, sonst wären wir gar nicht rausgekommen. Mit dieser Aktion hätten wir im Fernsehen auftreten können! Wie viel Kapazität im deutschen Straßenverkehr ungenutzt bleibt...

Kaum war es uns allen gelungen, das Auto zu verlassen, was ich nicht als selbstverständlich ansehen würde, rannten wir zur pakistanischen Grenze, da wir spät dran waren und unbedingt noch etwas von der Zeremonie mitbekommen wollten. Axel hatte auf die letzte Minute noch indische Flaggen für uns aufgetrieben, mit denen wir stolz an der Grenze hin und her wedelten, während wir laut den Indern, die an der bewegenden Zeremonie teilnahmen, zujubelten, als wäre es unser eigenes Volk, das wir hier vertreten wollten. Bei meinen Freunden Zuhause in Deutschland kam diese Aktion nicht sehr positiv an. Indien und Pakistan sind nicht immer ganz im Reinen miteinander und mir fiel nichts Besseres ein, als mit einer Flagge an der Grenze herumzuhüpfen und alle Aufmerksamkeit auf mich zu ziehen, als ob ich das mit meinem Aussehen nicht zu genüge täte. Doch in diesem Moment war es das Selbstverständlichste überhaupt! Keiner von uns hatte an die politische Situation gedacht und wir waren der emotionalen Zeremonie völlig verfallen, voller Adrenalin aufgrund unserer Hetzjagd, um dort überhaupt hinzukommen.

Natürlich waren wir aufgrund unseres nicht-indischen Aussehens erneut einem unglaublichen Blitzlicht-Gewitter ausgesetzt. Ich fühlte mich, als wäre ich ein Popstar und hätte soeben völlig nackt meine Hotel-Suite mitten im Big Apple verlassen, weshalb es nur verständlich war, dass ich aus allen möglichen Blickwinkeln abgelichtet wurde. Wir konnten uns vor Fotos nicht mehr retten. Die Inder waren so begeistert von uns, wie sollten wir es ihnen verübeln, Europäer, Chinesen und Lateinamerikaner mit indischen Flaggen in der Hand, wenn das nicht massenhaft Begeisterung auslöst, dann weiß ich auch nicht. Darüber wird noch in zehn Jahren geredet!

Nach gefühlten tausend Bildern wurde es selbst uns zu viel und wir mussten auch zurück zu unserem Taxi, da der Weg bis nach Jalandhar noch lange war. Deshalb verzogen wir uns wie die Stars auf dem roten Teppich klamm und heimlich und sagten einigen von den besonders anhänglichen Indern, freundlich aber bestimmend, dass wir jetzt leider gehen mussten und keine Zeit mehr für weitere Fotos hatten. Natürlich interessierte das keinen und wir wurden weiter abgelichtet und da wir keine Spielverderber sein wollten, lächelten wir fröhlich in die Kamera, während wir zurück zum Taxi hetzten. Wir sind es einfach nicht gewohnt so unglaublich viel Aufmerksamkeit zu erregen, vielleicht ist das in einigen Wochen anders...

Dann ging es wieder in dem gleichen kleinen Auto zurück nach Amritsar und von dort aus mit dem Bus nach Jalandhar. Während der Busfahrt machten wir leider eine unangenehme Erfahrung mit einem aggressiven Inder, der aus einem mir unbekannten Grund ziemlich böse auf uns war. Nachdem er seine Wut schimpfend an uns ausgelassen hatte, bekamen er und ein anderer Reisender sich in die Haare und die beiden prügelten sich ungefähr einen halben Meter *von uns entfernt, was uns sehr beängstigte, da sie uns manchmal einen Tick zu nahekamen und die Auseinandersetzung sehr ernst aussah.*

Dienstag 18. Januar, Jalandhar

Heute räumte ich ein mir bisher unbekanntes Vorurteil, das mich zugleich zu tiefst schockierte, aus der Welt. DJ war der festen Überzeugung, dass Hitler sehr religiös gewesen wäre und nach den Regeln des Christentums gehandelt hätte, als er den zweiten Weltkrieg begann. Mir fiel bei dieser Aussage vor Verblüffung der Unterkiefer runter.

Auch sonst ist es mir suspekt, dass mir DJ des Öfteren stolz klarmacht, nach Hitlers Definition, auch ein Teil der germanischen Rasse zu sein. Mir ist das ziemlich unangenehm, da ich selten versuche Gemeinsamkeiten mit Menschen anderer Nationalitäten über Definitionen zu finden, die Hitler einst von sich gab. Als Beweis der Verbundenheit zwischen dem einstigen Nazi-Deutschland und Hitler würde seiner Meinung nach die Swastika dienen, welche mich zu Beginn meines Aufenthalts bereits einige Nerven gekostet hatte. DJ erklärt sich die Benutzung dieses Zeichens in Deutschland dadurch, dass Hitler die indische Kultur toll fand! Ich persönlich bringe mich nicht gerne in Verbindung mit Nazi-Deutschland aufgrund von Völkermord und sonstigen Inhumanitäten des Nationalsozialismus, die hier in Indien aber gerne ignoriort oder sogar auf seltsame Art und Weise verklärt werden.

Zu einer weiteren Unannehmlichkeit: Ich bin, wie Du ja weißt, bereits seit fast drei Wochen hier und habe, da ich nicht für jeden Tag der 1 ½ Monate eine Unterhose mitgenommen habe, das Bedürfnis meine Kleidung zu waschen. Dies liegt auch daran, dass ich aufgrund der Kälte alle meine Klamotten übereinander trage und somit nicht wirklich etwas wechseln, wenn überhaupt die Schichten untereinander austauschen kann, damit andere Kleidungsteile näher an meinem Körper sind. Alles zu waschen geht nicht, da ich frieren würde, aber die untersten Schichten müssen von Zeit zu Zeit ausgetauscht und gereinigt werden. Die Oberen auch, da die Luftverschmutzung sehr hoch ist und dadurch alles schnell dreckig wird. Aber wenn ich wählen kann, wasche ich natürlich erst die unteren Schichten… Das stellt eigentlich kein Problem dar, da hier mehrmals die Woche gewaschen wird, da wir viele Personen sind, die in diesem Haus wohnen und somit viel Wäsche anfällt. Der Haken an der Sache ist, dass Mum mich meine Klamotten nicht selbst waschen lässt. Alleine die Vorstellung, dass sie meine Kleidung nicht waschen darf, scheint schon eine wahnsinnige Beleidigung ihrer Mutterqualitäten zu sein.

Auch wenn ich gerne meine Klamotten selber wasche, ist die normale Kleidung nicht mein Problem. Meine Unterwäsche hingegen schon! Ich weiß nicht, welche Art von Unterwäsche Mum trägt, aber ich gehe stark davon aus, dass an ihrer mehr Stoff als an meiner ist. Als ich mir meine Tangas eingepackt hatte, dachte ich mir nicht, dass diese Unterwäsche jemand anderes als ich sehen würde. Ehrlich gesagt, dachte ich mir gar nichts dabei, da ich nicht selten bewusst über meine Unterwäsche nachdenke. Aber jetzt habe ich Angst, dass Mum ein schlechtes Bild von mir hat. Sie weiß ja, dass die Unterwäsche von mir ist, wie wahrscheinlich nun jeder in diesem Haus, da sie an der frischen Luft trocknen muss. Ich habe mich selten derart nuttig wegen eines Tangas gefühlt, den ich wohlgemerkt unter mehreren Schichten Kleidung trage… Heimlich mit der Hand waschen, ist auch inakzeptabel, da diese kleinen Dinger trotz ihrer geringen Größe aufgrund der Nass-Kälte nicht schnellgenug trocknen würden und Mum somit mitbekäme, dass ich nachts hinter ihrem Rücken meine Unterwäsche wasche und das bestimmt noch beleidigender wäre, da es bei ihr ankäme, als würde ich insgeheim an ihren Hausfrauenqualitäten zweifeln. Wie Du siehst, ich bin in einem moralischen Dilemma und muss das kleinere Übel in Kauf nehmen: Das besteht darin, nuttig zu sein! Ich kann Mum nicht beleidigen bei allem, was sie für mich tut. Es würde mir das Herz brechen.

Bisher hat sie mich glücklicherweise noch nicht, auf meine ‚Freizügigkeit' angesprochen, ich hoffe, das bleibt dabei. Wahrscheinlich werden nur alle Vorurteile, die man hier in Indien über europäische Frauen hat, durch diese kleinen Stofffetzen bestätigt....

Mittwoch 19. Januar, Jalandhar

Mein süßes, kleines Kätzchen liegt gerade auf mit, während ich Dir schreibe.

*

Dienstag war erneut ein spannender Tag:

Lotom, eine der hohen Tiere der Organisation, wollte, dass wir zu einem Ort namens „Bath Castle" gingen, der irgendwo zwischen DJs Zuhause und der Uni lag, was für mich ganz praktisch war. Um zwei Uhr mittags sollten wir uns dort einfinden, weil es etwas sehr Wichtiges gab, was er uns aber nicht sagen wollte: Es sollte eine große Überraschung für alle werden! Das war es auch!

Pünktlich, wie es sich für Nicht-Inder gehört, hatten wir uns am vereinbarten Treffpunkt eingefunden und waren verblüfft, was sich dort abspielte. Das riesige Gebäude war von zahlreichen Polizisten umzingelt, niemand konnte es betreten, ohne über sich eine Körperkontrolle ergehen und außerdem auf das genauste die eigenen Daten überprüfen zu lassen. Wir standen eine gute halbe Stunde gelangweilt davor, bis uns das zu dumm wurde, weshalb wir uns dazu entschlossen, hineinzugehen. Also wurden wir kurz abgetastet, mussten aber glücklicherweise nicht einmal unsere Ausweise zeigen, denn meiner lag Zuhause in meinem Koffer, mit derartigen Festlichkeiten hatte ich verständlicherweise nicht rechnen können. Danach wurden wir freundlich durch das Tor hineingewinkt, wieder aus dem einfachen und für uns nicht nachvollziehbaren Grund, weil wir Nicht-Inder mit heller Haut waren. Jeder andere wäre nicht durch die Sicherheitskontrollen gekommen, wenn er nicht auf der Gästeliste gestanden und alle seine persönlichen Daten abgegeben hätte – Bei uns war das natürlich anders!

Wir liefen nach dieser Aktion fasziniert über einen langen, roten Teppich und wurden zu allem Überfluss noch von unzähligen Fotografen abgelichtet. Manche baten uns sogar, einen Moment stehen zu bleiben, um uns besser knipsen zu können. Es war verrückt! Ich fühlte mich wie die Gewinnerin von ‚India's Next Topmodel'. In diesem Moment wurde mir erneut mit aller Härte bewusst, auch wenn ich mich immer mehr daran gewöhne, wie verrückt Indien ist!

Ohne lange zu zögern, wurden wir, völlig Unbekannte, in die VIP-Lounge geführt. Ich wusste nicht einmal, was der Anlass für derartige Festlichkeiten war, trotzdem nahmen uns restlos alle Angestellte wie Ehrengäste auf. Nach einiger Zeit erfuhr ich, dass dieses Fest etwas mit der Regierung zu tun hat, da Lotoms Vater ein wichtiger Mann in Punjab ist und wir demnach seine Ehrengäste, auch wenn wir bis vor wenigen Minuten davon noch nichts gewusst hatten. Wir hörten uns in einer großen Halle eine lange Rede in englischer Sprache an. Aufgrund der zahlreichen Sprachen, die es in Indien gibt, wird hier viel in Englisch kommuniziert. Der ausgeprägte indische Akzent des Redners erschwerte mir jedoch das Verständnis, obwohl ich gerne den Inhalt der Worte verstanden hätte. Bei politischen Veranstaltungen sind Reden nicht ungewöhnlich, auch nicht in Deutschland. Das Lustige an dem Ereignis war jedoch, dass die Paparazzi nicht den Redner, sondern uns aus allen Richtungen fotografierten; einer von ihnen drehte sogar ein Video, wie wir dieser Rede zuhörten. Ana und ich konnten es kaum fassen und waren ziemlich verwirrt. Es war als würde die Welt kopfstehen, was hier geschah widersprach erneut all meinen bisher gemachten Erfahrungen, meinem Glauben, dass Du selbst etwas tun musst, um etwas erreichen zu können. Wie können sie uns nur so anders behandeln, sich all den Aufwand machen, nur weil wir mit einer anderen Hautfarbe geboren wurden? Selbst nach mehreren Wochen Aufenthalt in Indien macht das für mich immer noch keinen Sinn!

Eigentlich hätte ich alldem den Rücken zu wenden sollen und vorbildlich, wie es sich für eine Lehrerin gehört, zur Uni gehen müssen, um dort meinen Unterricht zu halten, der aufgrund meiner Verspätung eine halbe Stunde später anfangen würde. Doch alles war so eigentümlich, dass ich es auf keinen Fall verpassen wollte! Zudem wurden wir nach der Rede in einen weiteren VIP-Bereich gebracht, wo es massenhaft Essen gab und alles sah super lecker aus. Es war wie im Paradies! Wie hätte ich mir das entgehen lassen können? Und auch jetzt im Nachhinein bin ich der Überzeugung, dass es eine gute Entscheidung war zu bleiben!

Während wir aßen (und wir aßen massenhaft, weil es so wahnsinnig gut schmeckte!), tranken oder uns einfach nur Wasser nachschenkten, wurden wir von allen Seiten fotografiert und gefilmt, als wären wir internationale Stars, die gerade etwas Weltbewegendes machen, und es fühlte sich sogar an, als wäre all dieser Rummel nur speziell für uns veranstaltet – auch wenn ich wirklich nicht verstehe, was an uns derart besonders ist. Aber Fakt ist: India is crazy, aber häufig auch erfrischend auf seine eigene Art und Weise! Da ich die einzige Blondine von uns war, wurde ich noch mehr als die anderen fokussiert, auch wenn das einem bei dem ganzen Blitzlichtgewitter unmöglich erschien. Ich stand immer im Mittelpunkt und die jungen Kellner, die zwischen zehn und maximal fünfzehn Jahren alt waren und sicherlich schon seit einigen Jahren auf diese Weise ihren Lebensunterhalt verdienten, bemutterten mich von vorne bis hinten. Sie brachten mir unentwegt Essen und Trinken, während ich nur im Kopf hatte, dass sie in diesem Alter noch gar nicht arbeiten sollten!

Als wir beim Dessert angekommen waren und ich mich so gut fühlte wie lange nicht mehr, machte ich mich doch mit Mefi auf den Weg zur Arbeit. Meinen Spanischunterricht konnte ich noch pünktlich erreichen. Während ich gegessen hatte, hatte ich mein Handy lautlos gestellt, um die anderen Anwesenden nicht zu stören, somit hatte ich nicht mitbekommen, dass Bemant mich ganze 37-mal versucht hatte anzurufen und zudem hatte ich zwei panische SMS bekommen. Als ich endlich an meinem Klassensaal ankam, behauptete ich scheinheilig, ich hätte die Zeit vergessen, und da mein Handy lautlos war, die ganzen Anrufe nicht mitbekommen. Ganz kurz war er etwas angesäuert, aber das legte sich innerhalb einiger Minuten wieder. Was sollte auch der Trubel? Die meisten Deutschschüler waren nicht anwesend gewesen. Das ist tatsächlich häufig der Fall. Nun ja, jetzt habe ich eben auch einmal mit Abwesenheit geglänzt...

Gegen Abend gingen Casper, Antonio und ich mit den anderen zurück zur Studentenwohnung. Dabei stellten wir einen neuen Rekord von 13 Personen in einer Rikscha auf – Bestimmt geht noch mehr, aber für mich ist es zurzeit unsere persönliche Bestleistung! Wie Du siehst, wir bewältigen jeden Tag neue Herausforderungen!

An unserem Ziel angekommen gab es ziemlichen Ärger und eine riesige Suchaktion wurde gestartet, weil zwei der Austauschstudenten seit gut einer Stunde verschwunden waren. Es war ein weniger erfreulicher Moment, da uns die Inder wie hilflose Kleinkinder behandelten, denen man jeden Schritt erklären müsste und die nirgends unbeobachtet hingehen könnten. Als Lotom begann, uns massenhaft Vorschriften zu machen, und uns herumkommandierte, platzte Antonio endgültig der Kragen. Er fand das gar nicht lustig, da wir geplant hatten auszugehen, was an sich in Indien schon kompliziert ist und tagelanger Planung bedarf.

Gegen zehn Uhr hat hier keine Bar mehr offen, in der Uni ist Alkohol strikt verboten, abgesehen davon hätte ich es als Frau nicht einmal bis zum Zimmer von Antonio oder Casper geschafft, denn Frauen sind mindestens genauso verwerflich wie Drogen, Alkohol und Fleisch und deshalb nicht erlaubt. Verständlich... Aber generell wird Spaß auf dem Campus nicht sonderlich großgeschrieben: Mir wurde von einem Mann erzählt, der im Aufenthaltsraum der Uni sitzt und den Fernseher umschaltet, damit die Studenten nichts

Falsches anschauen können. Auch Ereignisse, die über den Nachmittag hinausgehen, sind ein Problem. Antonio erklärte mir, dass er auf einer Geburtstagparty eingeladen war, die erst um zehn Uhr nachts beginnen sollte, weshalb er total begeistert war, weil er dachte, dass sie weggehen könnten. Dann stellte sich jedoch heraus, dass der Student seinen 22. Geburtstag von zehn Uhr am Morgen bis fünf Uhr nachmittags feierte. Nachts ist nichts auf den Straßen los, und falls sich doch jemand entscheiden sollte, das Haus zu verlassen, dann ist dieser jemand, wenn die Dunkelheit schon eingebrochen ist, mit Sicherheit nicht weiblich.

Aber zurück zum Thema: Ein Mitglied der Studentenorganisation sagte uns, wir könnten in einem dieser fragwürdigen Läden Alkohol kaufen gehen, da es uns nach der Suchaktion zeitlich nicht mehr möglich war, eine Bar zu besuchen. Immerhin war es schon neun! Als wir mit den Tüten in der Wohnung standen, eröffneten sie uns, dass wir nicht in der Wohnung der Austauschstudenten trinken dürften – eine weitere indische Regel! Wieso hatten sie uns das nicht zuvor gesagt? Antonio war nach den ganzen Diskussionen, die er deswegen heute schon geführt hatte, ziemlich geladen und meinte, er ginge dann eben auf die Straße und würde dort etwas trinken. Das ist jedoch gesetzlich verboten, Frauen sollten in der Öffentlichkeit nicht einmal eine Bierflasche in der Hand halten, denn wenn ich Pech hätte, könnte ich dafür ohne richtige Erklärung festgenommen werden. Doch da der Portugiese die Nase gestrichen voll von dem ganzen Kinderkram und der regelmäßigen Bevormundung hatte, entgegnete er nur, wenn er weder in der Wohnung, noch in einer Bar, noch auf der Straße trinken dürfte, würde er sich auf eine Bank draußen setzen und die anderen könnten ihn morgen bei der Polizei abholen. Es ist verrückt, die Inder hassen die Regeln, die ihnen täglich aufgebürdet werden aus tiefster Seele, doch zugleich machen sie sich selbst strenge Vorschriften, die sie vollkommen einengen, weil sie dieses strikte System in ihrem Kopf haben und ihm nicht entfliehen können.

Nach längerem Hin und Her boten sie uns überraschenderweise an, dass wir zumindest auf das Dach des noch nicht beendeten Hauses gehen und dort etwas trinken könnten, was wir auch in die Tat umsetzten, auch wenn es ziemlich kalt dort oben war. Aber gut, wenn man sich nahe zusammensetzen und viel trinken würde, wäre das in Ordnung, so sah das zumindest Rose, unsere russische Freundin, die vor wenigen Stunden noch als verschollen galt und glücklicherweise wiederaufgetaucht war. Später ließen sie uns doch in die Wohnung, aus Angst wir würden uns draußen bei der grausamen Kälte den Tod holen, und es wurde noch ein amüsanter Abend.

Besonders lustig war es, als die Jungs einem Inder das Wort ‚Blow-Job' erklären mussten und er es trotz eindeutiger Andeutungen nicht verstand. Alle Erklärungsversuche misslangen, weshalb wir ihm Bilder im Internet zeigten, woraufhin er peinlich berührt war und behauptete, dass er in dem Moment einfach nicht darauf gekommen wäre. Ich glaube tatsächlich, dass er den Begriff nicht kannte. Scheinbar sind solche sexuellen Praktiken in Indien nicht an der Tagesordnung oder zumindest wird darüber auf keinen Fall geredet, auch wenn es das Herkunftsland des Kamasutras ist... Es stellt sich natürlich die Frage, was besser ist: In diesem Alter noch völlig unaufgeklärt zu sein oder ob es als sinnvoll angesehen werden sollte, dass in Deutschland schon zehnjährige Jungs wissen, was genau unter dieser Sexualpraktik zu verstehen ist.

Den Rest des Abends verbrachten wir damit ‚Thrue or dare' zu spielen und uns dadurch ein ganzes Stück besser kennen zu lernen. Es war eine Freude. Auch so ist es sehr schön, mit den anderen viel Zeit zu verbringen, wir sind zwar aus unterschiedlichen Kulturen, aber fühlen uns trotzdem sehr miteinander verbunden, weil Indien völlig anders ist als alles, was wir je in unserem Leben erlebt haben.

*

Heute Morgen wachte ich auf und da ich nichts bei mir hatte, um mich fertig zu machen, lief ich, so wie ich geschlafen hatte auf die Straße, ich hatte mir nicht einmal die Haare gekämmt und fuhr zu DJs Haus. Als ich dort in den Spiegel schaute, war ich verblüfft, dass ein Inder, den ich im Bus getroffen hatte, derart interessiert an mir gewesen war, ich hätte problemlos in einem Film die Rolle einer heruntergekommen Frau einnehmen können, die auf der Straße lebt und sich dort nur von Alkohol ernährt, ohne sich regelmäßig zu waschen. Ich war sichtlich übermüdet, gezeichnet durch dunkle Augenringe und meine Haare standen mir in alle Richtungen ab. In Deutschland hätten die Menschen bei meinem Anblick die Straßenseite gewechselt, hier sagen sie mir, dass ich hübsch bin und dass sie hoffen, mich bald wieder zu sehen. Manchmal frage ich mich, wieso ich mir überhaupt die Mühe mache, etwas Nettes anzuziehen und mir die Haare zu machen. Egal, wie ich aussehe, der Großteil der Menschen, die mir begegnen, findet mich sowieso toll, weil ich anders bin.

Donnerstag 20. Januar, Jalandhar

Verrückt, heute habe ich das Bild in der Zeitung gesehen, welches bei den Festlichkeiten am Dienstag in ‚Bath Castle' aufgenommen wurde. Mum brachte mir die Ausgabe gleich zusammen mit meinem Frühstück ans Bett. Wir Austauschstudenten mussten für das perfekte Bild mit traditionellen Tänzern zusammenstehen, die wir zuvor nicht einmal tanzen gesehen hatten, geschweige denn wussten, wer sie waren. Zudem sollten wir ein seltsames Zeichen mit unserem Zeigefinger machen, dass ein bisschen wie ET aussieht, der gerade nach Hause telefonieren möchte. Eigentlich ganz passend, wenn man bedenkt, dass auch wir etwas von Außerirdischen haben, und ich mir nicht vorstellen kann, dass ein wirklicher Außerirdischer mehr Aufmerksamkeit bekäme als ich. DJ las mir vor, dass im Zeitungsbericht geschrieben stand, dass wir extra für die Tanzeinlagen angereist waren und viel Interesse an der indischen Kultur zeigten, von der Veranstaltung selbst war kaum die Rede. Die war allem Anschein nach nicht so spannend wie unser Auftritt.

So, nun noch zu den üblichen Frauenproblemen: Du fragst Dich bestimmt, jetzt da ich fast drei Wochen im Lande bin, ob ich vielleicht schon meine Tage bekommen habe und wie ich damit umgehe bezüglich der Hygiene, die mir schon in alltäglichen Dingen nicht leichtfällt. Also, bisher stelle sich das Problem nicht, denn ich bin seit einer Woche überfällig.

Ich hatte es zwar nicht erwähnt, aber seit meiner Ankunft graut es mir, meine Tage zu bekommen! Wahrscheinlich habe ich das Thema versucht zu verdrängen und mich deshalb nicht dazu geäußert! Da jedoch eine Schwangerschaft ausgeschlossen ist, scheint die psychische Verdrängung vielleicht sogar zu einer physischen zu führen. Ich wusste nicht, dass das möglich ist. Aber da man sich als Frau sogar eine Schwangerschaft einbilden kann und scheinschwanger ist, also alle Schwangerschaftsanzeichen hat, wird es bestimmt auch möglich sein, aus Panik vor den hygienischen Bedingungen ungewollt seine eigene Periode verdrängen zu können. Was meinst Du? Anders kann ich mir meine einwöchige Überfälligkeit nicht erklären. Ich halte Dich jedoch auf dem Laufenden!

Freitag 21. Januar, Jalandhar

Ich sitze gerade in meinem Deutschunterricht und meine Studenten sind derart motiviert, dass sie nicht einmal anwesend sind. Bestimmt sitzen sie Zuhause und lernen fleißig Deutsch, oder auch nicht... Eigentlich ist es schon fast dreist, dass ALLE regelmäßig schwänzen. Aber gut, was soll ich machen? Die Spanischstudenten dagegen sind um einiges interessierter daran, die neue Sprache zu lernen, und in jeder Stunde anwesend und das penibel pünktlich! Ich gebe zu, dass Deutsch schon die schwerere Sprache ist, vielleicht macht es ihnen aus diesem Grund nicht so viel Spaß. Ich weiß es nicht... Auf jeden Fall gebe ich mein Bestes, damit zumindest ein wenig Sprachkenntnisse hängen bleiben und sie einen Einblick in die beiden Kulturen bekommen, was ohne Lehrbuch und Arbeitsblätter nicht immer einfach ist und leider hauptsächlich aus viel Grammatik und Erzählungen meinerseits besteht.

Samstag 22. Januar, Jalandhar

Heute hat uns DJs Vater unerwartet dazu aufgefordert, uns innerhalb der nächsten halben Stunde in der Grundschule einzufinden, die er leitet. Dort mit fragenden Gesichtern angekommen, wurden Mefi, Anastasja, Axel und ich aufgefordert, den süßen Kindern zu helfen, einen Löwen mit Buntstiften auszumalen. Das machte Spaß, auch wenn ich am Anfang noch ratlos im Raum stand und nicht genau wusste, wie ich den Kleinen helfen sollte. Zwischendurch mussten wir ihnen auch bei Alltäglichem helfen, wie beispielsweise ihr Bonbon aus dem Bonbon-Papier zu rollen oder ihnen die Nase zu putzen. Es war rührend, wie sie uns mit ihren großen Kulleraugen fragend anschauten und uns die ganze Zeit anstrahlten. Die zwei Stunden, die wir mit ihnen verbrachten, bis der Preis für den bestausgemalten Löwen vergeben wurde, vergingen rasend schnell und es war großartig. Trotzdem musste ich feststellen, dass es mir mehr Freude bereitet, Deutsch und Spanisch an der Uni zu unterrichten und den Schülern dort noch ein bisschen Kultur zu vermitteln, wenn sie sich ab und an dazu entscheiden, meinen Unterricht zu besuchen.

Nur einer meiner Studenten treibt mich regelrecht in den Wahnsinn! Er ist aus meinem Spanischkurs und so unheimlich besserwisserisch, dass es mich aufregt. Er korrigiert ungelogen jeden englischen Satz, den ich von mir gebe. Was nicht nötig wäre, da ich weiß, dass sein Englisch besser ist als meines und die anderen mich trotzdem verstehen. Natürlich habe ich kein Problem damit, korrigiert zu werden, wenn ich Unsinn von mir gebe. Aber jeden verdammten Satz? Das gleiche versucht er auch bei meinem Spanisch, wobei er da immer den Kürzeren zieht, was ich in diesen Momenten besonders genieße. Aber nicht nur ich finde ihn furchtbar nervig, den anderen geht es genauso wie mir und sie freuen sich immer sehr, wenn er etwas Falsches von sich gibt.

Zudem sagt er immer Sachen wie: „Me gusta la clase de español – Ich mag den Spanischunterricht". Dieses permanente mir Honig ums Maul schmieren wird einem doch ab einem gewissen Punkt zu viel. Abgesehen davon kommt er nach jeder Stunde zu mir und will mit mir über etwas Unbedeutendes reden oder gibt mir seltsame Bücher, bei denen ich nicht weiß, was ich damit machen soll, da sie nichts mit mir, meinem Fach oder Indien zu tun haben.

Er versucht permanent mit mir Gespräche über mein Privatleben zu führen und erklärt mir andauernd, wie toll er meinen Unterricht fände und dass er mich so furchtbar möge und dass ich alles könnte. Wieso er mich trotzdem bei jedem zweiten Satz korrigiert, versteht wohl nur er selbst. Heute nach der Stunde musste ich auf Antonio warten, da er von seinen Französisch-Studenten festgehalten wurde, und das nutzte er gleich aus und blieb länger, um mich genauestens über mein Privatleben auszufragen. Doch das wäre noch in Ordnung gewesen, aber plötzlich meinte er, dass ich bestimmt Heimweh hätte und er wusste ein hilfreiches Mittel dagegen. Ich schaute erst verblüfft, hörte ihm aber weiter zu, und staunte nicht schlecht, als er meinte, das Wundermittel wäre Alkohol! Ich entgegnete irritiert: „WAS?!" In Deutschland tränke ich doch den ganzen Tag Bier und Wein, kam daraufhin von ihm, weshalb das, was ich hier durchlebe, Entzugserscheinungen wären. Ähm... Nein!! Wir Deutschen sind nicht alle Alkoholiker.

Sonntagnacht 23. Januar, in einem verlassenen Dorf in den Bergen

Heute genossen wir den sonnigen und angenehm warmen Tag und relaxten auf dem Dach von DJs Haus. Ja, Du hast richtig verstanden. Da es keinen Balkon gibt, legen wir uns auf das Dach. Das Wetter war wunderbar! Das erste Mal seit langem fror ich nicht. Es ist unfassbar. Endlich kommt der Frühling auch zu uns nach Nordindien! Wie sehr haben wir uns nach ihm gesehnt…

Danach gingen Anastasja, Axel und ich zum Streetmarket und kauften die wichtigsten Sachen für unseren geplanten Trip nach Dharamsala. In diesem Moment hatte ich mir noch nicht allzu viele Gedanken darüber gemacht, wo diese Stadt, Dorf oder was auch immer überhaupt liegen könnte. Ich wusste nur, dass es in den Bergen lag, nichts weiter, aber alleine das freute mich sehr! Wie Du Dir vorstellen kannst, hätte ich das nicht machen sollen, da Sonntagabend ist und ich am Montag wieder in die Uni muss. Aber nun ja, ich bin immer noch dabei, wie ein kleines Kind täglich meine Grenzen auszutesten. Also blieb mir nur eine Möglichkeit: Flucht! Bisher hatte ich nie Konsequenzen zu spüren bekommen und ich bin immer gut damit gefahren. Warum sollte es dieses Mal anders sein?

Die Busreise war eine der schlimmsten überhaupt! Wir konnten weder schlafen noch lesen oder schreiben, die Straßen waren dafür zu schlecht. Wenn ich innerhalb der sechs Stunden versuchte einzuschlafen, schlug mein Kopf immer wieder unangenehm gegen das kalte und harte Fenster. Das war bestimmt auch eine der Gründe, weshalb sich diese Fahrt wie eine Ewigkeit anfühlte, obwohl wir solche langen Reisen – und auch noch um einiges längere – längst gewohnt sind. Um ein Uhr nachts kamen wir in einem gottverlassenen Dorf an. Zuvor überholten wir noch einen Bus, der laut unserem panischen Busfahrer, der uns fast schon übermütig aus seinem Bus warf, der wäre, in den wir unbedingt umsteigen müssten, um an unser Ziel zu kommen. Gesagt, getan! Wir packten eilig unsere Sachen zusammen und standen, noch bevor wir richtig darüber nachdenken konnten, auf der Straße und der Bus, in dem wir eben noch gesessen hatten, verschwand auf Nimmerwiedersehen in der Dunkelheit der Nacht.

Der andere Bus blieb bei uns stehen und wir fragten den Fahrer, bevor wir einstiegen zur Sicherheit, ob er wirklich nach Daramshala fahren würde. Man weiß hier ja nie… Der Busfahrer schaute uns nur verwirrt an, schüttelte den Kopf und sagte bestimmt: „No!" Laut ihm fuhr der Bus, aus dem wir gerade ausgestiegen waren, dorthin. Als dann auch dieser Bus weggefahren war, standen wir völlig hilflos und verlassen in der Dunkelheit. Nach langem Warten machte sich Axel auf den Weg zur Toilette. Wir planten, uns danach auf die Suche nach einer Schlafgelegenheit zu machen, und genau in diesem Moment hielt ein Bus an unserer Haltestelle und es war tatsächlich der, den wir hätten nehmen müssen. Doch wir konnten nicht einsteigen, weil Axel noch nicht zurück von der Toilette war! Bitten, Flehen und Bestechungsversuche halfen nichts, der Busfahrer fuhr weiter und ließ uns erneut alleine zurück. Es war wie eine schlechte Komödie und wir beiden Mädels blieben fassungslos an der Bushaltestelle stehen. Anastasja und ich verweilten frustriert und frierend am Straßenrand und nicht eine Minute später tauchte Axel auf und wunderte sich über unsere offensichtlich abgrundtief schlechte Laune, verbessert wurde diese nicht durch die eisige Kälte, die uns trotz unseres Zwiebellooks am ganzen Körper zittern ließ. Nachts kann es ziemlich kalt werden, vor allem wenn man sich in den Bergen befindet.

Also blieb uns nichts anderes übrig, als nach einem Hotel Ausschau zu halten, in dem wir die Nacht verbringen konnten, bevor wir am Morgen unsere Reise fortsetzten würden. Das war jedoch nicht so einfach wie gedacht, obwohl es überraschenderweise aus einem uns unbekannten Grund massenhaft Hotels in diesem kleinen Dorf am Ende der Welt gab. Vielleicht war das Stranden von Touristen hier etwas Alltägliches? Manche der Türsteher, die in der Eingangshalle der Hotels mit einer Decke auf dem Boden schliefen, betrachteten uns jedoch nur kurz aus müden Augen, nachdem wir geklingelt hatten, und legten sich dann wieder auf den Boden, um weiter zu schlafen. Als wäre nichts gewesen. Als ständen wir nicht frierend vor ihrem Hotel und baten verzweifelt um Unterschlupf.

Ein anderer kam zu uns, verstand aber kein einziges Wort Englisch, weshalb es sinnlos war, weiter mit ihm zu reden, da er nicht wusste, auf was wir überhaupt hinauswollten. Dabei war es offensichtlich, dass wir um diese Uhrzeit, bei diesen Temperaturen nur nach einem warmen Schlafplatz suchen konnten, was machten sonst so touristisch aussehende Menschen wie wir nachts an einem Ort wie diesem? In ein paar anderen Hotels wurde uns die Tür aufgemacht und die Anwesenden sprachen sogar Englisch, doch die Eingangshalle war so heruntergekommen, dass es uns widerstrebte, dort nur eine Minute länger zu bleiben. Nach langem Suchen fanden wir endlich einen ziemlich heruntergekommenen Ort, der jedoch unverschämt billig war, weshalb wir uns entschieden, dort die Nacht zu verbringen, allzu lange war sie ja nicht mehr. Das

Zimmer, in dem nächtigen sollten, wurde als ‚Suite' betitelt, jedoch haben die Menschen hier scheinbar ein völlig anderes Verständnis von einer ‚Suite' als in Good Old Germany.

Montag 24. Januar, im Bus auf dem Weg in die Berge

Wir sind früh aufgestanden, was auch daran lag, dass wir nicht gut schlafen konnten, und fahren jetzt mit einem Bus in das schneebedeckte Gebirge. Die Straßen sind eng, sehr kurvig und zugleich so schlecht, dass es mir kaum möglich ist, Dir zu schreiben. An den Felsvorsprüngen sitzen kleine Affen, die sich vom rasanten Fahrstil der Busfahrer nicht beirren lassen. Mir selbst drehte es bei einem Blick die steilen Klippen hinunter den Magen um. Wenn der Fahrer die Kurve nicht bekommen sollte, muss ich mir über meine Zukunft keine Gedanken machen…

*

Die gestrige Nacht haben wir zu dritt in einem Doppelbett verbracht. Wenn wir uns aneinander gekuschelt hatten, war es auf diese Weise wenigstens warm. Was in Deutschland ein Unding gewesen wäre, ist hier so normal geworden, dass wir nicht einmal mehr fragen, ob wir uns an die anwesende Person kuscheln können, sondern jeder es automatisch macht, um der Kälte auf diese Weise besser entkommen zu können. Egal, ob Frau und Frau, Mann und Mann oder wie in diesem Falle Frau, Frau und Mann in einem Bett liegen, der Gedanke an etwas Sexuelles kommt dabei keinem der Beteiligten. Es ist eine Schutzmaßnahme, um der Kälte zu entkommen und gleichzeitig dem anderen auch etwas Gutes zu tun.

Die Bettdecke roch unangenehm alt und dreckig, weshalb wir die böse Vermutung hatten, dass eine der von weitem stark riechenden Hotelwächter zuvor darauf geschlafen hatte und sie die letzten zehn Jahre bestimmt nicht gewaschen wurde. Warum auch? Es ging sogar so weit, dass wir panische Angst davor hatten, uns aufgrund der Decke Läuse zu holen, aber andererseits war es zu kalt, um ohne sie zu schlafen. Auch wenn uns bewusst war, dass wir unser Bett wahrscheinlich mit massenhaft Bettwanzen teilten. Eine andere Option gab es für uns nicht! Es war ja nur eine einzige Nacht...

Auch sonst waren die hygienischen Zustände nicht gut. An eine Dusche war heute Morgen nicht zu denken. Wieso? Das Bad war voller Schimmel, sah schon, bevor ich das Licht überhaupt eingeschaltet hatte, ziemlich unappetitlich aus und das Wasser war eiskalt, als käme es direkt aus einer Quelle, die hier in den Bergen entsprungen war. Aber eigentlich dürfen wir uns nicht beschweren, denn es hatte eine Alternative gegeben. 15 Euro für eine Nacht in einem Luxushotel erschien uns jedoch ein Wucher, wie hätten wir diese hohen Ausgaben unseren indischen Freunden erklärt? Für unsere ‚Suite‘ hingegen hatten wir weniger als vier Euro für uns drei bezahlt! Das war ein gutes Angebot!

*

Ich höre auf zu schreiben. Das wird so nichts! Ich kann kaum meine eigenen Worte entziffern. Wir sind fast an unserem Ziel angekommen: Dharamsala. Das Abenteuer geht weiter!

Dienstag 25. Januar, Dharamsala

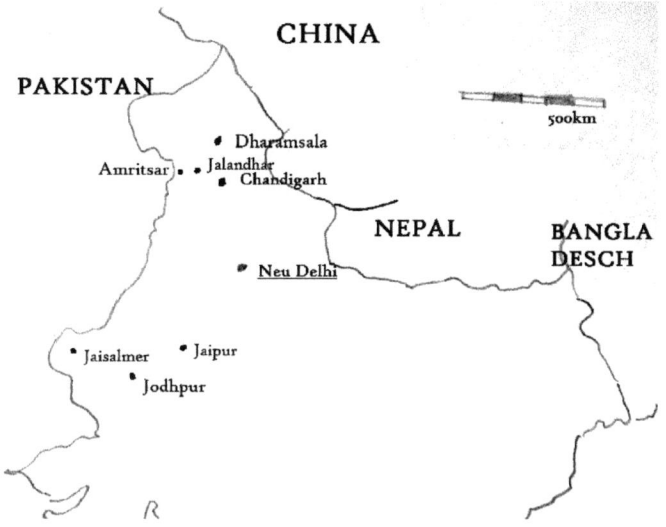

Eigentlich wäre ich heute in DJs Bett aufgewacht und würde meinem normalen indischen Alltag nachgehen, wenn man den indischen Alltag wahrhaftig normal nennen kann! Stattdessen bin ich in Dharamsala, in Tibet, und betrachte aus dem Fenster unseres niedlichen Zimmers das schneebedeckte Himalaya-Gebirge. Wie schön, dass alles immer anders kommt, als man denkt! Wie schön, dass es mir erlaubt ist, mit so tollen Menschen solche wunderbaren Momente zu erleben! Es ist der Wahnsinn hier! Und diesen Effekt hat all das hier nur auf mich, weil ich gar nichts erwartet hatte, weil ich dachte, wir machten nur einen normalen Ausflug, und jetzt sind wir wahrhaftig in den Himalayas, in Tibet gelandet. Ich kann es immer noch nicht fassen! Die Luft ist frisch, um mich herum ist alles so ruhig, so wunderschön, dass ich mich von dem Blick aus dem Fenster kaum sattsehen kann.

Du wunderst Dich bestimmt über meinen momentanen Aufenthaltsort genauso, wie ich es noch vor kurzem tat.

*

Ich wollte es gestern kaum glauben, als sich herausstellte, dass wir nicht irgendwo in den Bergen waren, worüber ich mich schon gefreut hätte, sondern wahrhaftig in den berühmt-berüchtigten Himalayas! So war ich also durch Zufall in die Himalayas gekommen. Ich sah meine ganze Umgebung mit völlig anderen Augen, als ich davon erfuhr, und staunte über alles, was ich sah. Doch damit war es noch nicht genug, denn ich war nicht nur in den Himalayas, sondern zugleich auch in Tibet! Ich war wirklich verwirrt, als ich auf einigen Hotels die Worte ‚Tibet' las und feststellte, dass die Menschen um mich herum anders aussahen als die Inder, die ich aus Jalandhar kannte. Ich glaube, die wenigsten Menschen sind nichtsahnend nach Tibet gekommen. Normalerweise plant man diesen Ausflug über

Jahre hinweg, nach Tibet zu gehen ist immerhin etwas Besonderes!
Nun ja, bei mir war das anders…

Aber das war immer noch nicht genug der Zufälle, ein Fakt ließ
mir die Kinnlade herunterfallen. Aber erst einmal zu einem weiteren
angenehmen Ereignis: Mitten in einem kleinen Dorf in Tibet, trafen
wir zufällig auf unsere brasilianischen Freunde. Kurz später schrieb
ich Bemant eine SMS, dass es mir nicht gut ginge, da ich etwas Fal-
sches gegessen hätte, was mir hier in Indien sofort jeder glaubt, und
schaltete mein Handy aus. In Gedanken bei den Worten des Kolum-
bianers, den ich zu Beginn meiner Reise kennengelernt hatte, dass
ich in diesem Land alle Regeln brechen müsse, um Spaß zu haben.
Wäre mein Indienaufenthalt anders verlaufen, wenn er mir nicht die-
sen Rat mit auf den Weg gegeben hätte? Mit Sicherheit!

Danach brachten wir unsere Sachen zu einem süßen Hotel, in
dem uns nicht nur versprochen wurde, dass wir eine Suite bekämen,
wie es auch das letzte mit den stinkenden Decken getan hatte, son-
dern wir hatten sie auch! Zudem hatten wir von unserem kleinen
Balkon aus einen wunderbaren Blick auf das schneebedeckte Hi-
malaya-Gebirge und der Traum schlecht hin: Wir besaßen eine echte
Dusche mit kochend heißem Wasser! Du kannst dir nicht vorstellen,
wie sehr ich es genoss, beim Duschen nicht frieren zu müssen, den
heißen Wasserdampf neben mir hochsteigen zu sehen, während sich
meine Haut aufgrund der Hitze rötete. Es war wie im Paradies! Eine
heiße Dusche, mehr brauche ich nicht mehr, um glücklich zu sein.
Vielleicht bleibe ich hier! Für immer! Hätte das nicht etwas Roman-
tisches, wenn ich in ein paar Jahren berichten würde, dass ich mich
in die Berge verliebt hatte (oder auch in die heiße Dusche) und aus
diesem Grund in den Himalayas geblieben war. Wer hat festgelegt,
dass ich nach Jalandhar zurückkehren muss? Oder nach Deutsch-
land?

Nachdem wir unser Gepäck in dem uns zugewiesenen Zimmer
verstaut hatten, trafen wir uns mit den anderen in einem tibetani-
schen Restaurant und aßen dort, um uns für unsere Erkundungstour

zu stärken. Das Essen war lecker! Nur hatten wir uns unter Hähnchen mit Gemüse keine Suppe mit Hühnchen-Stückchen versprochen, sondern etwas Nahrhafteres. Neben meiner Vorliebe für Chai lernte ich dort auch noch ein weiteres Getränk namens ,Ginger Honey Lemon Tea' kennen, welches ich vergöttere, weshalb ich es seit gestern, so oft es mir möglich ist, trinke. Mit gefüllten Mägen fühlten wir uns fähig dazu, mit einem kleinen Tucktuck einen steilen und steinigen Berg zu erklimmen, den uns der Rikscha-Fahrer empfohlen hatte, da wir dort einen wunderbaren Tempel sehen würden. Die Brasilianer folgten uns in einem gemütlicheren Taxi.

Ab einem gewissen Punkt war es uns nicht mehr möglich, mit der Rikscha weiter den steilen und vor allem steinigen Bergpfad zu erklimmen. Ich dachte zwischendurch schon, sie würde bestimmt bei der nächsten Unebenheit in der Mitte auseinanderbrechen. Doch sie hielt tapfer durch. Diese kleinen Autos sind stabiler, als Du es bei ihrem Anblick denken würdest! Als wir ausstiegen, stellten wir fest, dass die anderen nicht mehr hinter uns waren. Das robuste, aber um einiges sperrigere Taxi hatte allem Anschein nach vor uns aufgegeben. Also machten wir uns zu dritt zu Fuß auf den Weg, die Himalayas zu erklimmen, um den wundersamen Tempel zu finden.

Wir liefen ein ganzes Stück. Als wir nach gut zwei Stunden an unserem langersehnten Ziel angekommen waren, konnten wir unseren Augen nicht trauen, da der gesuchte Tempel nur eine kleine Bruchbude war, auf dem der beeindruckende Name mit einem dreckigen Pappschild befestigt war. Zumindest war die Aussicht einmalig! Somit hatte sich die Wanderung doch gelohnt. Wir machten Bilder im Schnee, tranken etwas und aßen eine Kleinigkeit. Jedoch hatte ich beim Verzehr meines Mars das unangenehme Gefühl, dass es seit einem guten Jahrzehnt in dieser Hütte darauf gewurtet hatte, dass ich vorbeikomme und es esse. Es war leicht weißlich, wahrscheinlich schon tausendmal tiefgefroren und wieder aufgetaut aufgrund der eisigen Kälte nachts. Der Geschmack war aber überraschend erträglich!

Danach stiegen wir den Berg wieder hinab und begaben uns auf die Suche nach einem rätselhaften Drachentempel, den uns Axel unbedingt zeigen wollte und der laut ihm hier sein müsste. Anastasja und ich glaubten nicht ganz daran, dass wir je dort ankommen würden, da Axels Orientierungssinn manchmal zu wünschen übriglässt und wir eine gefühlte Ewigkeit verwirrt durch das riesige Himalaya-Gebirge irrten. Nach einigen: „I really don't know where we are!" befanden wir uns überraschenderweise auf dem richtigen Weg und fanden das gewünschte Gebäude. Zum Glück! Noch so ein Erlebnis wie wir es in Jaisalmer hatten, hätte ich nicht ertragen! Vor allem da das Himalaya Gebirge größer ist als diese Stadt und die Wahrscheinlichkeit, dass uns jemand zufällig findet dadurch deutlich geringer.

Es hatte sich gelohnt! Und das obwohl uns furchtbar kalt war und uns die Füße vom stundenlangen Laufen schmerzten. Der Eingang des Tempels war ein riesiger, bunter Drachenkopf und wir liefen sozusagen im Körper des Drachens. Ich hatte eher das Gefühl in einer Kinder-Geisterbahn angekommen zu sein statt an einem heiligen Ort. Aber wir hatten unseren Spaß und das war die Hauptsache!

Abends schauten wir uns dann mit ein paar anderen Backpackern den Film „7 Jahre in Tibet" an und aßen dabei leckeres, tibetanisches Essen. Verrückt, dass ich sagen kann, dass ich diesen Film das erste Mal tatsächlich in Tibet gesehen habe! Bevor ich ins Bett ging, rief ich noch begeistert meine Familie an, um ihnen zu erzählen, dass sie soeben einen Anruf aus den Himalayas, Tibet, der Heimat des Dalai Lamas empfangen. Damit hatten auch sie nicht gerechnet! Ja, jetzt habe ich das letzte Geheimnis gelüftet! Ich bin nichtsahnend zum Dalai Lama gepilgert! Kannst Du Dir das vorstellen?

*

Nun zu heute. Wir standen gegen zehn Uhr auf und genossen alle den unglaublichen Luxus einer Dusche mit heißem Wasser! Danach gingen wir in ein Café, das Geld für tibetanische Kinder sammelt, tranken dort Tee und aßen Paninis, die mit viel Liebe zum Detail angerichtet waren.

Dann ging es auf Erkundungstour zur ‚Tibetan Libary', wo wir uns tibetanische Kunst anschauten. Nach diesem Spektakel verweilten wir eine Zeit lange an den steilen Klippen, die vom Dorf fast senkrecht in die Tiefe führten, genossen die frische Luft, das einmalige Panorama und erholten uns von dem anstrengenden Rückweg, der nur bergauf ging. Manchmal wurde einem bei diesen Höhen schwindlig. Das passierte vor allem, als Axel uns etwas zeigen wollte und wir über eine Absperrung kletterten, um uns dem Abgrund zu nähern, der ungesichert war. An unserem Ziel angekommen sahen wir einen Grabstein, den vor einigen Jahren eine Frau einem Mann errichtet hatte, den sie aus ganzem Herzen geliebt hatte und der genau an dieser Stelle unglücklicherweise abgerutscht und die Klippen hinabgefallen war.

Mir stockte der Atem bei dem Gedanken, dass wir uns gerade an der gleichen Stelle befanden, wo einst dieser Mann tödlich verunglückt war. Selbst Menschen, die nicht allzu viel Höhenangst haben, dreht sich bei diesem Gedanken der Magen um, ein Blick in die unendliche Tiefe vor mir, verschlimmerte die Todesangst und das unangenehme Gefühl, das mich beschlich, nur noch. Ein falscher Schritt und… Ich atmete erleichtert auf, als wir uns wieder auf einem geschützten Pfad befanden und ich sicheren Boden unter den Füßen hatte. Auf unserem weiteren Weg begegnete uns ein alter Mann und schnitzte uns ein Zuckerrohr so, dass wir es essen konnten. Es war lustig, auf dem Holzstück herum zu kauen, aus dem eine süße Flüssigkeit floss.

Den Abend ließen wir, nachdem wir noch etwas shoppen waren, nett in einer Bar ausklingen und aßen erneut tibetanisches Essen, das dieses Mal ziemlich scharf war.

Mittwoch 26. Januar, im Bus nach Jalandhar

Wir sitzen im Bus auf dem Weg zurück nach Jalandhar. Dieses Mal haben wir einen besonders schlimmen Bus erwischt! Ich kann mich nicht erinnern, dass es je eine holprigere Busfahrt gab, und das hat bei meinen bisherigen Erfahrungen weiß Gott etwas zu heißen! Was man sich unter einer solchen Horrorfahrt vorstellen kann? Bereits seit Stunden hoffen wir, dass es endlich vorbei sein wird! Doch diese Höllenfahrt scheint kein Ende zu finden! Überall sind schreiende Kinder, wir alle sind unangenehm aneinander gequetscht, weil es viel zu voll im Bus ist. Auf Plätzen für zwei Personen sitzen vier Leute und wenn Du einen Stehplatz hast, musst Du Dir keine Sorgen machen, dass Du aufgrund des rasanten Fahrstils des Fahrers umkippen könntest, dafür reicht der Platz nicht! Es ist unerträglich heiß und stickig hier drinnen, weshalb sich eine Frau während der Fahrt sogar aus dem Fenster übergeben musste. Der Busfahrer fährt weiter, als wäre nichts passiert, die Essensreste zieren nun die dreckigen Fenster auf der rechten Seite des Fahrwerks. Wenn Axel versucht zu schlafen, sieht es aus, als wäre er der Protagonist des Films ‚Der Exorzist'. Sein Kopf schlägt unnatürlich ruckartig nach vorne und nach hinten, als sei er wahrhaftig vom Teufel besessen, als gäbe es keine Rettung mehr für ihn. Ein Oscar wäre ihm für diese Leistung sicher, wenn einer von uns bloß eine Kamera bei sich hätte, um diesen skurrilen Moment festzuhalten.

Ich muss schon seit zwei Stunden furchtbar auf die Toilette und war bereits an dem Punkt angelangt, an dem ich mir ausmalte, was passieren würde, wenn ich aus dem Fenster pinkelte. Eine andere Frau hat sich ja aus dem Fenster übergeben, gab es da nicht auch eine Möglichkeit für mich? Da ich jedoch so weiß bin, dass ich selbst im dunklen Bus bestimmt leuchtete, wären bei dieser Aktion alle Augen auf mich gerichtet gewesen. Wäre ich stattdessen eine Inderin, hätte es vielleicht niemand bemerkt… Wer weiß? Das eigentliche Problem war, dass wir zwar regelmäßig an Bushaltestellen anhielten, ich jedoch nicht aussteigen konnte, weil es zu voll war, zudem hatte ich Angst, dass der Bus, kaum wäre ich endlich nach draußen gekommen, ohne mich weiterfahren würde. Und die Erfahrung nachts in mir unbekannter Einöde zu sitzen hatte ich vor ein paar Tagen gemacht, wiederholen musste ich das nicht dringend wieder!

*

So nun aber zu den letzten Ereignissen in Dharamsala, bevor ich das noch vergesse: Gestern sind wir gegen zehn Uhr ins Bett gegangen und waren so erledigt, dass wir zwölf Stunden am Stück geschlafen hatten. Wir frühstückten heute Morgen erneut in dem tibetanischen Café, machten letzte Einkäufe für unsere Rückreise und rollten mit einer Rikscha das Dorf hinab zu einem winzigen Busbahnhof. Bergrunter braucht man keinen Motor! Dort hatten wir um vier Uhr mittags den Bus zurückgenommen, in dem ich gerade sitze. Ich hatte vor kurzem mit Bemant telefoniert und behauptet, ich hätte am Wochenende Street Food gegessen und mir aus diesem Grund den Magen verdorben. Es gehe mir jedoch wieder um einiges besser und ich werde morgen wieder wie gewöhnlich zum Unterricht erscheinen.

*

Du glaubst es nicht, gerade eben setzen sich alle im Bus in Bewegung und beginnen indische Lieder zu singen und ausgelassen zu tanzen, obwohl es nicht einmal Platz zum Stehen gibt! Aber wen interessiert das schon? Und während ich Dir das geschrieben habe, hat einer der Männer sein Ständchen unterbrochen und bot uns Nüsse an. Wir lehnten dankend ab; seine Hände sahen nicht sauber aus. Auch wenn es eine nette Geste war. Aber seine Gastfreundschaft ging noch weiter und er bat uns freundlich Wasser an. Da jedoch Axel die letzte Woche, als wir einen Trip nach Nepal geplant hatten, halbtot im Bett lag, halluzinierte, Schüttelfrost und starkes Fieber hatte, sich permanent übergab und mit allen nur noch Portugiesisch sprach, weil er verunreinigtes Wasser getrunken bzw. Street Food gegessen hatte, das mit dreckigem Wasser zubereitet worden war, lehnten wir auch das dankend ab. Wir hatten damals versucht, Axel Zuhause mit viel Pflege wieder auf die Beine zubekommen, denn ins Krankenhaus wollten wir ihn nicht bringen. DJ riet uns davon ab, er sagte, das wäre das Schlimmste, was wir hätten tun können. Krankenhäuser waren kein schöner Ort... Er muss es wissen, er ist Inder!

So langsam kommt uns der Gedanke, dass dieser Mann, der übrigens aus Nepal ist, betrunken ist... Sein seltsames Verhalten lässt darauf schließen.

Ich melde mich bald wieder zurück, um Dich über die wichtigsten Reiseinformationen auf dem Laufenden zu halten: Eben war übrigens Stromausfall im Bus. Ich wusste gar nicht, dass so etwas möglich ist... Da habe ich wieder etwas Neues gelernt... Der Mann aus Nepal hat uns Zigaretten angeboten, als wir sie erneut dankend ablehnten, dachte er, wir wären böse auf ihn oder könnten ihn nicht leiden. Diese Missverständnisse wollte er aus dem Weg räumen, indem er uns zur Versöhnung die Hände schüttelte. Die Situation wurde dadurch verkompliziert, dass wir uns nicht mit ihm verständigen konnten, da er kein Wort Englisch spricht.

Donnerstag 27. Januar, Jalandhar

Habe ich erwähnt, dass ich meine Periode immer noch nicht habe? Ich glaube, das liegt wirklich an der psychischen Belastung durch die fehlende Hygiene und weil es ziemlich umständlich wäre, hier seine Tage zu bekommen! Ich habe großen Respekt davor, wie das die Inderinnen hinbekommen!

Ich versuchte heute Morgen meine Haare mit ungefähr 1 ½ Liter Wasser zu waschen, da wir keinen Strom und somit auch kein Wasser hatten. Letzteres muss erst für den Gebrauch aus den unterirdischen Leitungen hochgepumpt werden, da die Pumpe aber mit Strom funktioniert, geht das natürlich nicht. Es wäre besser gewesen, es gar nicht erst zu versuchen, denn ich bekam das Shampoo nicht mehr aus den Haaren heraus, so sehr ich mich auch bemühte. Anastasja erzählte mir, dass russische Frauen zu Zeiten Stalins nur drei Liter Wasser für die ganze Woche besaßen und dass sie wohl genau das gleiche Problem wie ich hatten, nur dass ihre Haare um einiges länger als meine waren. Sehr tröstend…

*

Generell muss ich sagen, dass es die letzte Woche bezüglich Strom- und Wasserversorgung nicht einfach war, da wir unter permanenten Stromausfällen litten und somit auch kein Wasser hatten. Verrückterweise fiel sogar meine Handygesellschaft aus, weshalb ich tagelange nicht mehr erreichbar war. Noch komplizierter als bei meiner Kaltwasser-Aktion wurde es jedoch, als ich vor einigen Tagen unter der Dusche stand und plötzlich das Wasser ausfiel. Ich hatte einen Eimer voll kochend heißem Wasser vor mir stehen, aber dass ich mir damit nicht das Shampoo aus den Haaren waschen konnte, versteht sich von selbst. Sich einen Kochtopf mit ungefähr 80/90 Grad heißem Wasser über den Kopf zu schütten, ging nicht! Ihn wie eine Suppe kalt zu pusten, funktionierte leider auch nicht so gut, davon kann ich nun aus eigener Erfahrung berichten. Für mich war das jedoch die einzige Lösung in diesem Moment, so lächerlich das klingen mag. Von außen hätte dieses Bild göttlich ausgesehen: Ich, nackt unter der Dusche, neben mir ein Haufen Klamotten, der aussieht, als würde sich eine ganze Gruppe Frauen duschen wollen. Mein Blick starr auf einen großen Topf mit Wasser gerichtet, in den ich konzentriert hineinpustete, voll Hoffnung, ihn dadurch abkühlen zu können. Vergeblich! Dass das nicht die beste Lösung war, war daran zu erkennen, dass der Wasserdampf, der aus ihm hochstieg, nicht weniger wurde. Zudem fror ich, da ich keine Kleider anhatte.

Jetzt kann ich über dieses Ereignis auch wieder lachen, aber just in dem Moment fand ich das nicht lustig! Nur kaltes Wasser zu haben, ist also eindeutig das kleinere Problem!

Freitag 28. Januar, Jalandhar

Da langes Bitten und Flehen nichts gewirkt hat und ich immer noch ‚Ma'am' von all meinen Studenten genannt werde, habe ich eine wirksame Methode gefunden, es ihnen auszutreiben. Dass ich da nicht früher draufgekommen bin? Die neue Regel im Klassensaal lautet: Wer mich ‚Ma'am' nennt, den nenne ich ‚Sir'! Ich weiß nicht, ob ich erwähnt habe, dass sich jetzt nach einigen Wochen Unterricht nur noch Männer in meinen beiden Klassen befinden? Bei den Frauen hat die anfängliche Faszination nicht lange angehalten... Wieso die Männer noch hier sind, kann ich mir auch nicht erklären. Vielleicht haben sie wirklich Interesse an meinem Fach... Zurück zu der Methode: Sie ist so simpel, aber sie wirkt! Denn keiner möchte von mir ‚Sir' genannt werden! Das beleidigt meine Schüler regelrecht, wieso sie so lange an dem ‚Ma'am' festhielten, wenn sie ein ‚Sir' derart verabscheuen, wird mir ein Rätsel bleiben...

*

Ich kann mich nicht mehr erinnern, wann es war, vielleicht vor ein paar Tagen, da drückte ich meinen Schülern meine Begeisterung für ihre Tucktucks aus und ich war so voller Elan, dass ich erklärte, dass ich gerne eines mit nach Deutschland nehmen würde. Daraufhin einer meiner Schüler: „Glauben Sie wirklich, dass das funktioniert??". Ich: „Natürlich, ich könnte einfach damit Heim fahren, statt meinen Rückflug zu nehmen. Ich muss nur immer Richtung Nord-Westen fahren. Erst über Pakistan, dann nach Afghanistan,…" ich halte kurz inne. „Mmmh, vielleicht ist das doch keine gute Idee…" Alle lachten!

Samstag 29. Januar, Jalandhar

Ich sitze wieder in meinem Klassensaal und das Interesse an meinem Deutschunterricht hält sich in Grenzen. Ich sitze hier nämlich alleine! Aber gut, das ist nicht so schlimm. Ich habe Dir noch einiges von den letzten Tagen zu berichten, Postkarten muss ich auch noch schreiben und für meine Stunde am Montag muss ich mir zumindest kein neues Thema mehr ausdenken, da ich noch das von Heute benutzen kann. Ja, die unglaubliche Motivation meiner Studenten hat auch gewisse Vorteile, ich musste bloß erst lernen, sie zu schätzen!

*

Vorgestern (also Donnerstag) trafen wir uns alle im Haus der Austauschstudenten, da es Anastasjas letzter Tag in Indien war. Es ist schade, dass sie zurück nach Moskau geht. Sie war der Sonnenschein in DJs Haus und ich werde mich ohne sie etwas einsam fühlen. Ich bin es gar nicht mehr gewöhnt, wenn kaum Menschen um mich herum sind oder alleine in meinem Bett zu schlafen und ein Hauch von Privatsphäre zu haben; so seltsam wie das auch klingen mag. Manchmal ist es auch beruhigend, immer jemanden um sich herum zu haben und immer beschäftigt zu sein, das verhindert lästiges Nachdenken und Sorgen.

Gestern (Freitag) bin ich nach der Uni mit Ana und Axel zum ‚Chocolate-Room‘ gegangen, das ist eine Art Café, in dem alles aus

Schokolade ist, und deshalb könnte es zu meinem Lieblingsort in Indien werden... Wir aßen dort Schokoladen-Pizza und sie war sehr lecker. Danach gingen wir zu Dominos und aßen richtige Pizza. Vielleicht hätten wir das Dessert erst nach der Pizza essen sollen... Aber warum? In Indien, dem Land der unbegrenzten Möglichkeiten, können wir auch die Nachspeise vor der Hauptmahlzeit zu uns nehmen – und es schmeckt trotzdem!

So gegen zehn Uhr gingen wir in einen der runtergekommenen Läden, wo es Alkohol gab, und kauften Rum. Alkohol gibt es nur in so seltsamen Geschäften und beim Kauf hat man das Gefühl etwas Verwerfliches und Illegales zu tun. Das ist mit Sicherheit beabsichtigt. Der indische Rum ist zudem nicht gut.... Danach verbrachten wir den Rest des Abends auf dem Dach der Wohnung der Austauschstudenten, tranken und quatschten gemütlich!

Nachts teilte ich mir mit Ana ihr 90 cm Bett. Es macht mir nichts mehr aus auf so wenig Raum mit einer anderen Person zu schlafen. Es erscheint fast irreal, dass in Deutschland bei einem Bett dieser Größe auf einen weiteren Schlafplatz bestanden wird. Ein großes Bett für sich alleine zu haben, ist für mich in den letzten Wochen völlig unnötig geworden!

*

Heute Morgen sind DJ und ich mit seinem Motorrad nach Hause gefahren. Nur als Anmerkung: Auf ein Motorrad passen problemlos drei Personen! Erst bei einer vierten wird es eng, wie ich Dir nun aus eigener Erfahrung berichten kann! Zu dritt ist es widererwartend kuschlig, vor allem wenn Du in der Mitte sitzt! Während der Motorradfahrt fiel mir auf, dass ich keinen Helm trug und das Motorrad auch keine Seitenspiegel hatte. DJ trug einen Helm, der war aber so kaputt, dass er meinte, dass es bei einem Unfall um einiges sicherer wäre, wenn er ihn nicht tragen würde. Aber die Vorschrift besagt, dass der Fahrer einen Helm auf dem Kopf haben muss, ob dieser aufgrund seines maroden Zustandes nützlich ist, ist dabei irrelevant.

Apropos Motorrad, mir fällt da eine Anekdote zu einem anderen Gefährt ein: Vor einigen Tagen hat mir DJ von einer Zeitungsanzeige berichtet, in der Eltern für ihre Tochter einen Mann suchten. Erst schrieben sie nette Dinge über die Tochter und dann redeten sie von der Mitgift, die der Mann bekäme, wenn er ihr Kind zur Frau nähme. Und ganz am Ende war ein Bild. In Deutschland hätte jeder ein Bild des hübschen Mädchens erwartet, das hier angepriesen wurde. Stattdessen war es das Bild des großen Traktors, welcher die Mitgift darstellte. Ein Mann wird sich kaum melden, weil er das Mädchen attraktiv findet, denn von ihr gab es kein Foto, sondern weil er sich für den Traktor interessiert. Verrückte Welt!

Zuhause angekommen aß ich wie üblich Chapati mit Marmelade zum Frühstück und trank Chai. Danach ‚duschte‘ ich und versuchte etwas System in meinen Koffer zu bringen, da ich nun seit vier Wochen daraus lebe. Das System sah folgendermaßen aus, alle Klamotten, die für Inder „I want to get married with you!“ und „bitch“ schreien, wie auch alles, was weiß oder hell war – aufgrund des ganzen Staubs in der Luft. Wenn ich mir die Nase putze, ist mein Taschentuch jedes Mal erneut rußschwarz! –, wurden auf den Boden des Koffers verbannt.

Mefi war über die Länge meiner Hosen und Röcke zu tiefst schockiert und dachte, ich trage das nur in meiner Wohnung, wenn es dunkel wäre und kein anderer Mensch anwesend. Als ich ihm erklärte, dass deutsche Frauen mit so etwas auf die Straße gingen, konnte er das kaum fassen, für ihn gehörten diese Kleiderstücke zur Kategorie ‚Dessous‘. Daraus schließe ich, dass solche Klamotten nicht nur in Indien, sondern auch in Nigeria, seiner Heimat, fehl am Platz sind. Gut zu wissen, falls ich dort hinreisen sollte.

Was gibt es sonst Interessantes zu berichten? Mein Deutschunterricht war bisher immer sehr lehrreich, doch diese Woche ist es viel mehr so, dass mich die Schüler permanent ablenken. Da sie selbst 10 Rupien (ungefähr 15 Cent) für jede Kurseinheit bezahlen, gehe ich jedoch auf ihre Fragen ein, denn diese Themen scheinen ihnen momentan wichtig zu sein. Zudem ist es ein Teil meiner Kultur. Und so waren die regelmäßigen Fragen: Erzähl uns etwas über deine Religion, Ausgehen in Deutschland und das Oktoberfest! Auf diese Weise lerne auch ich die Unterschiede meiner Kultur zu der indischen kennen, was interessant ist. Der Spanischunterricht dagegen ist sehr effektiv. Die Studenten sind ziemlich wissbegierig. Nur dieser eine Streber, der mir immer seltsame Sachen (zum Beispiel Zettel mit, laut DJ, sektenartigen, Sprüchen) schenkt, geht mir von Tag zu Tag mehr auf die Nerven!

Ich habe Dir ganz vergessen zu erzählen, dass ich mir auf einem Basar ein indisches Kleid gekauft habe. Ich hatte es schon in der Schule an und meine Schüler waren begeistert, in Deutschland könnte ich damit nur auf eine Faschings-Party gehen, aber hier fühle ich mich in diesem Gewand auch in der Öffentlichkeit wohl. Anup, DJs Schwester, wollte mir auch noch indische Klamotten schenken, doch wie soll ich sagen, als normalgewichtige Europäerin, bin ich dafür zu dick! So seltsam das auch klingen mag…

Sonntag, 30. Januar, im Bus, auf dem Weg nach Pinjore

Ich sitze wieder im Bus. Wie könnte es anders sein? Ich glaube, ich habe hier bisher mehr Zeit in Bussen, Rikschas oder Zügen als irgendwo anders verbracht. Es ist kurz vor neun Uhr am Morgen und unser nächstes Ziel ist Chandigarh. Von dort aus wollen wir weiter zu einem kleinen Dorf, zwanzig Kilometer nördlich, das Pinjore heißt und wo es einen schönen Garten namens ,Yadavindra Garden' geben soll. Ich bin gespannt!

*

Gestern waren wir in einen Busunfall verwickelt. Ich hatte schon länger damit gerechnet und war fast verwundert, dass es zuvor noch nicht passiert war, aber dieses Mal war es wirklich voraussehbar gewesen! Zumindest für mich, für den Busfahrer scheinbar nicht oder vielleicht war es ihm egal.

Es ist nicht untertrieben, wenn ich sage, dass der Fahrer wie eine gesenkte Sau fuhr. Die Straßen waren vollgestopft mit massenhaft Bussen, Tucktucks und Autos. Er fuhr in einer selbstmörderischen Geschwindigkeit an ihnen vorbei, als würde er an einem Rennen teilnehmen oder vielleicht wollte er seinem Leben tatsächlich ein Ende setzen... Wer weiß? Das werde ich wohl nie erfahren! Der Fahrstil der indischen Busfahrer ist generell gewöhnungsbedürftig. Im Reiseführer einer der Brasilianer habe ich gelesen, dass sie häufig betrunken wären, was ich nicht beweisen kann, aber nicht abstreiten würde.

Trotzdem war das gestern noch eine Nummer härter als sonst! Ich bin es gewohnt, bei Straßenunebenheiten aufgrund der hohen Geschwindigkeit vom Sitz zu fliegen. Beim erneuten Aufprallen auf den Sitz schmerzten mir dieses Mal jedoch alle Knochen im Bereich meiner Taille und ich hatte Angst, mir während der Fahrt meine Hüfte oder sonstige Körperteile zu brechen.

*

Wir fahren übrigens gerade mit offener Tür, keinen interessiert es! Warum auch? Zumindest herrscht dann ein angenehmes Lüftchen!

*

Der arme Casper! Mit seinen fast zwei Metern Körpergröße ist er öfters hart mit seinem Kopf gegen die niedrige Decke gestoßen. Und kurz später passierte das Unvermeidbare: Es gab einen lauten Knall, wir prallten gegen ein kleines Auto und schossen es wie in einem dieser übertriebenen Action-Filme, in denen ein Wagen nach dem anderen zerstört wird, von der Straße in einen tiefen Straßengraben.

*

Der Fahrer heute scheint nicht viel besser als der gestern zu sein. Ich mache drei Kreuze, wenn wir diese Fahrt ohne Personenschäden überstehen.

*

Die Inder im Bus rannten alle panisch auf die Straße. Einer rief uns etwas von einem grauenhaften Unfall zu. Ein Blick aus dem Fenster bestätigte, was wir uns nach diesem Aufprall nur allzu gut vorstellen konnten: Das gerammte Auto hatte einige riesige Dellen und die Scheiben waren zersplittert. Auf den ersten Blick würde ich auf einen Totalschaden tippen, was mit den Insassen passiert ist? Ich habe keinen Schimmer! Aber wir konnten nur Böses ahnen. Ich bekam eine Gänsehaut. Es war etwas Grauenhaftes passiert und das aus reiner Fahrlässigkeit!

Wir blieben geduldig sitzen, dachten, wir müssten jetzt mit Sicherheit eine gute Ewigkeit warten, bevor es weiter ginge. Aber da hier Warten für uns etwas Normales ist, machte uns das nicht so viel aus, zudem standen wir immer noch unter Schock. Aber falsch gedacht! Zwei Minuten später saßen alle Insassen wieder im Bus, als wäre nichts passiert. Wir ließen das Auto im Straßengraben liegen. Casper, Pedro und ich schauten verblüfft drein, sprachlos über das, was vor sich ging, und fuhren weiter. Ich werde nie erfahren, ob es bei diesem Unfall Verletzte oder Tote gab. Ich hoffe, dass alle Beteiligten mit einem Schock davongekommen sind!

Abends fanden wir uns im Restaurant von DJs Verwandten ein, aßen dort gut und tranken viel Bier. Danach gingen wir zurück in die Wohnung der Austauschstudenten und ziemlich bald zu Bett, um am nächsten Tag fit für unsere lange Reise heute zu sein.

*

Ich muss Schluss machen, wir werden bald Chandigarh erreichen.

Montagnacht, 31. Januar, Jalandhar

Verrückt, die Hälfte meiner Zeit in Indien ist schon vorbei...
Es erscheint mir viel länger und viel kürzer zugleich!

*

*Gestern sind wir fünf Stunden nach Pinjore gefahren, um dort
drei Stunden in einem Park zu verbringen und fünf Stunden zurück
zu fahren. Es war ein schöner Ausflug, auf den ich mich jedoch in
Deutschland niemals eingelassen hätte. Das Wort ,Zeit' hat in unserem Wortschatz vollkommen an Wert verloren, da wir für alles immer unglaublich lange brauchen und für uns nur noch das Ziel wichtig ist, nicht wie viel Aufwand wir betreiben, um es zu erreichen.
Abgesehen davon färbt langsam die indische Mentalität auf uns ab.
Ich lasse mir für alles ewig Zeit und ,Eile' ist ein Fremdwort geworden: Was ich heute nicht schaffe, mache ich morgen oder übermorgen
oder irgendwann... Oder gar nicht? Es interessiert keinen, wenn ich
zu einem Treffen eine Stunde zu spät komme. Warum auch? Keiner
ist pünktlich! Wieso sollte ausgerechnet ich pünktlich sein? Wenn
ich pünktlich bin, muss ich nur eine Ewigkeit auf andere warten.*

*Aber der Parkbesuch hatte sich wirklich rentiert, denn er war
wunderschön und alles war so ruhig und sauber! Wir haben gut eine
Stunde in einem kleinen Restaurant im Park gegessen, den Rest der
Zeit in dem grünen Park auf der Wiese gelegen und entspannt, müde
von der langen Reise. Es war sehr schön dort und so sauber! Die*

Hälfte der Zeit haben wir auf dem Gras geschlafen und sonst viele Fotos mit Indern gemacht, die ganz begeistert von uns waren und ein Andenken von ihrem Familienausflug mit uns wollten. Im Prinzip sind wir zehn Stunden Bus gefahren, um in einem Restaurant zu essen und zwei Stunden auf einer Wiese zu schlafen. Verrückt!

*

Heute schlafe ich wieder in der Wohnung der Austauschstudenten, mit Ana in ihrem kleinen Bett. DJ hat zu viel getrunken, zudem Gras geraucht und kann mich aus diesem Grund nicht mehr abholen. Das erfuhr ich erst, nachdem er fünf Mal die Zeit nach hinten verschoben hatte. Von fünf Uhr abends bis um zwölf Uhr nachts habe ich gewartet, bis endgültig klar war, dass er nicht mehr käme. Um fünf Uhr wäre ich problemlos mit Bus und Rikscha zu ihm nach Hause gekommen. Um zwölf Uhr alleine auf die Straße zu gehen, ist ausgeschlossen. Ich habe keine Angst davor, dass ich ausgeraubt werde, aber vielleicht würde mich ein Unbekannter mit nach Hause nehmen…

Glücklicherweise habe ich mir in den letzten Wochen angewöhnt immer meine Zahnbürste und etwas zur Beschäftigung mitzunehmen, falls ich an einem Ort feststecke und dort überraschend schlafen muss, was hier des Öfteren vorkommt. Dann kann ich mir zumindest die Zähne putzen und langweile mich nicht zu Tode, während ich mehrere Stunden darauf warte, dass ich abgeholt werde, was meistens nicht passiert. Generell würde ich auch alleine nach Hause fahren, aber das wird mir von DJ untersagt, also lasse ich mich darauf ein, von ihm abgeholt zu werden, häufig mit nicht viel Erfolg!

Es gibt aber auch die andere verrückte Alternative zu den aktuellen Geschehnissen: Oft warte ich vergeblich eine gefühlte Ewigkeit in irgendeiner Wohnung, dass DJ mich abholen möge, weil er schon zwei Stunden zuvor bei mir sein wollte, nach indischer Zeitrechnung hat er dann noch ungefähr drei Stunden Zeit, bis er erscheinen sollte! Nach einer gefühlten Ewigkeit entschließe ich mich dazu, mit einem der Anwesenden in seinem Bett zu schlafen oder schaue, ob auf den Matratzen auf dem Boden noch Platz für mich ist. Aber manchmal steht er plötzlich um halb drei nachts vor meiner Tür und sagt: „Los, lass uns nach Hause gehen! Wir müssen dringend weg! Sofort!" Während ich schlaftrunken die Panik und die Notwendigkeit einer sofortigen Flucht nicht im Geringsten verstehe. Was kann um diese Uhrzeit derart wichtig sein, dass er mich förmlich aus meinem Schlafgemach auf sein Motorrad zerrt? Das werde ich nie verstehen… Das ist ein Teil der indischen Logik, die ich, so viel Mühe ich mir gebe, nicht durchschauen kann. Zumindest gibt mir dieser unerwartete Aufenthalt die Zeit, meine Postkarten wie auch Dir zu schreiben.

Ach, gerade fällt mir noch eine lustige Anekdote ein: Letzt hat einer meiner Schüler gemeint, seine Landmänner sein alle ‚Workaholics'. Ich musste mir ein Grinsen stark verkneifen… Wieso? Die Arbeitsmoral lässt zumindest in meinen Deutsch- und Spanischklassen zu wünschen übrig. Nie ist jemand pünktlich, die Hausaufgaben, die ich aufgebe, werden nicht gemacht. Ich bin schon verblüfft, wenn einer meiner Schüler etwas von der letzten Stunde weiß, bevor ich es die ersten 15 Minuten der neuen Stunde, die erst 15 Minuten nach Unterrichtsbeginn anfängt, detailliert wiederhole und alle so tun, als hätte ich nie Derartiges von mir gegeben. Ich frage mich oft, wieso ich mir die Mühe gebe, ihnen Hausaufgaben aufzugeben, um einen Tag später resigniert festzustellen, dass sie wie üblich sowieso niemand gemacht hat, weil es keinen nur im Geringsten interessiert… Vielleicht sollte ich aufhören damit und meinen Arbeitsaufwand ihrem anpassen.

Vor einigen Tagen sah ich einen Wächter am Geldautomaten stehen, und er stand nur dort, um mir zu sagen, dass die Maschine leider nicht funktioniert. Das ist eine sinnvolle Arbeit! Alleine hätte ich das niemals herausbekommen, nach stundenlangem Probieren hätte ich mich verzweifelt vor einen Zug geworden. Aber generell ist die Arbeitssituation für mich schwer nachzuvollziehen, denn was hier passiert, so etwas gibt es in Deutschland nicht!

Zum Beispiel im Supermarkt: Da stehen wahrhaftig eine Hand voll Männer an der Theke. Der erste nimmt meine Waren entgegen, um sie dem zweiten zu geben, der sie in die Kasse eingibt, währenddessen packt der dritte alles in Plastiktüten ein. Der vierte gibt mir meine Rechnung, damit der fünfte mein Geld kassieren kann und am Ausgang steht ein weiterer Mann, der mir die Rechnung abnimmt und schaut, dass meine Waren zu der Rechnung passen. Natürlich arbeiten diese Männer viele Stunden am Tag, um sich ein lächerlich kleines Gehalt zu verdienen, das bezweifle ich nicht! Trotzdem sind sie die meiste Zeit des Tages, zumindest meiner Meinung nach, nicht effektiv.

Vor ein paar Tagen waren wir im ‚Havali' essen, das ist ein gutes indisches Restaurant. Es gab massenhaft Essen und es war wahnsinnig lecker und nicht ganz so scharf wie sonst. Danach sind wir zu acht Autoscooter gefahren, was viel Aufsehen bei den Einheimischen erregt hatte. Kein Wunder, wenn so komisch aussehende Menschen wie wir lachend Autoscooter fahren, kann man sie nur anstarren.

Montagmittag, 31. Januar, Jalandhar

Ich sitze auf dem Dach unseres Hauses und genieße die warme Sonne, die freudig den indischen Frühling ankündigt. Endlich ist er da und das wochenlange Frieren hat ein Ende! Doch nicht nur ich freue mich darüber, alle sind sichtlich erleichtert, dass der Winter Geschichte ist.

Doch das ist nicht nur positiv, denn obwohl es nur angenehm lauwarm ist, hängen die regelmäßigen Stromausfälle mit dem nahenden Sommer und dem Umschwung der Temperaturen zusammen. Heute haben wir aus diesem Grund schon den ganzen Tag keine Elektrizität. Aber wenn man sich dieser Einschränkungen bewusst ist, kann man mit diesem Zustand gut umgehen. Mir macht es gar nichts mehr aus. Wenn ich alles rechtzeitig plane, ist es nicht so tragisch. Generell dusche ich immer drei Stunden, bevor ich das Haus verlasse, weil ich sonst Angst haben muss, dass das Wasser später ausfällt. Und diese Methode klappt meistens gut, außer wenn es schon ab dem frühen Morgen keinen Strom mehr gibt; dann haben wir aber alle ein Problem!

Mein Lebensstil hat sich innerhalb der letzten vier Woche vollkommen verändert, ich nehme alles viel lockerer, und das ist angenehm. Doch würde ich das nicht tun, würde ich wahrscheinlich wahnsinnig werden... Das liegt daran, dass die indische und deutsche Mentalität sehr unterschiedlich sind. Mohammed, ein Ägypter, der seit einiger Zeit hier ist, um ein

Praktikum zu machen, nimmt das Leben viel leichter und hat nicht so einen krassen Kulturschock wie ich, weil seine Kultur der indischen näher ist. Ich brauch eben eine längere Eingewöhnungsphase und ich gebe zu, dass ich diese noch nicht hinter mich gebracht habe. Tagtäglich schaffen es die Menschen hier, mich zu überraschen. Meistens positiv mit ihrer herzlichen und lebensfrohen Art, aber es gibt auch Dinge, mit denen ich nicht zurechtkomme. Doch auch das ist für mich eine interessante Erfahrung! Früher dachte ich völlig naiv, ich könnte überall leben, doch das stimmt nicht. Indien ist ein Abenteuer, aber meine Wurzeln liegen in Europa! Es gibt bestimmt auch andere Orte, an denen ich leben könnte, aber überall könnte ich es nicht! Versteh das nicht falsch! Ich genieße die Zeit hier und all diese tollen Menschen kennenlernen zu dürfen, ist ein riesiger Gewinn! Aber für immer hier zu bleiben, das könnte ich mir nicht vorstellen!

Zwischendurch frage ich mich wahrhaftig, wie es möglich ist, dass Menschen so völlig anders denken als ich selbst. Ein Beispiel wäre dafür, dass in indischen Familien auf andere Sachen wert gelegt wird als in einer deutschen. Hier einmal drei etwas verrückte Anekdoten:

Zum einen weckt mich Mum hier fast jeden Morgen in aller Frühe panisch. Ich springe hastig aus meinem Bett, denke, dass etwas Schlimmes passiert wäre, weil sie so stürmisch an der Tür klopft und laut ruft. An der Zimmertür angekommen, stelle ich fest, dass sie mich nur so unsanft geweckt hat, um mir die lebensnotwendige Frage zu stellen, ob das eine meiner Socken ist, den sie im Haus gefunden hat.

Ein anderes Mal stürmte meine Gastmutter morgens um acht Uhr total aufgeregt in das Zimmer, in dem ich schlafe, um mich unsanft aufzuwecken, indem sie mir mit einem Ruck die Decke wegzog. Während ich sie noch total verwirrt anschaute, hielt sie mir lächelnd wie immer ein Tablett mit Chapati und

Chai vor die Nase und stellte übermütig fest, als wäre die Situation völlig normal: „You have to breakfast!" Ja, da bekommt das Wort ‚Gastfreundschaft' eine ganz andere Bedeutung! Ich glaube für eine indische Vollblutmutter, wie sie es ist, die ein so großes Herz hat, dass sie noch sämtliche Austauschstudenten in ihrer Familie aufnehmen und von vorne bis hinten bemuttern kann, ist es eine Passion, ihre Umgebung zu verhätscheln und zu schauen, dass es jedem von uns gut geht. Mir mein Frühstück am Bett zu verwehren, wäre ein völliges Unding!

Des Weiteren habe ich mir angewöhnt, wenn ich abends später nach Hause komme, um keine Umstände zu machen, über den Balkon einzubrechen, da ich DJs Mutter nicht aufwecken möchte. Nicht immer gelingt mir das… Auf solche Ideen käme ich in Deutschland gar nicht! Trotzdem glaube ich, es würde ihr nichts ausmachen, wenn ich um ein Uhr nachts schreiend in ihr Zimmer rennen würde, um dort eine Party mit unbekannten Menschen zu feiern, die mir gerade auf der Straße begegnet sind. Wahrscheinlich würde sie aufstehen, mir einen Tee machen und anfangen Essen für mich und alle meine Freunde, die sie nicht kennt, zu kochen, als wäre es das Normalste der Welt, was so eben geschieht. Und es würde ihr nicht die geringsten Umstände machen... DJ hat mir das bestätigt.

Wenn ich darüber nachdenke, haben wir schon genau das gemacht! Aber wir waren zumindest so nett uns selbst zu versorgen, dass sie ruhig neben uns weiterschlafen konnte. Es störte sie dabei auch nicht, dass die Party in ihrem Schlafzimmer stattfand. Die von mir angenommene Rücksichtslosigkeit bei meiner Ankunft in Chandigarh, wo alle auf meinem Bett herumgesprungen sind, obwohl ich nur schlafen wollte, bekommt dadurch eine andere Bedeutung. DJ hat mir zudem berichtet, dass seine Mutter es als ihre Aufgabe ansieht, allen

Menschen um sich herum das Leben wunderschön zu machen, vor allem ihren Kindern, zu denen ich jetzt auch zähle.

All diese kleinen, aber feinen Unterschiede zeigen mir, wie normal mir mein deutscher Alltag erschien, so dass ich ihn nie richtig reflektierte oder hinterfragte, immer dachte, dass es überall so oder so ähnlich sein müsste. Es war mir nie bewusst, dass einige 1000 Kilometer von meiner Heimat entfernt alles ganz anders ablaufen könnte, anders abläuft!

Apropos, wenn wir gerade beim Thema nächtliche Ausflüge sind, muss ich traurig feststellen, dass es diese bald nicht mehr geben wird. Uns Ausländern soll es nicht mehr erlaubt sein, nach acht Uhr alleine das Haus zu verlassen, da es zu gefährlich ist! In letzter Zeit ist im Süden drei Austauschstudenten etwas passiert, was genau wollten die anderen uns nicht sagen, aber ihren Berichten zufolge waren es keine schönen Ereignisse. Ich habe den Vorteil, dass ich nicht mit den anderen Austauschstudenten zusammenwohne, sondern bei einer indischen Familie und dort permanent von meinem indischen ‚Babysitter' – wie ich ihn liebevoll nenne – begleitet werde. Er weiß immer, wo ich bin und was ich mache, beobachtet jeden meiner Schritte, verbieten tut er mir eigentlich nie etwas. Durch die regelmäßige Überwachung habe ich mehr Spielraum als die anderen, die um einiges mehr eingeschränkt werden. Zudem habe ich auch ein eigenes Bett, was keine Selbstverständlichkeit mehr für mich darstellt, so seltsam das selbst in meinen Ohren klingen mag! Auch wenn es ungewohnt ist, permanent beobachtet zu werden und dass DJ mich anruft und mir sagen kann, wo ich mich aufhalte, ohne dass ich nur im Geringsten weiß, wo er diese Information herhat. Jalandhar hat ja ‚nur' rund 860.000 Einwohner, da ist es selbstverständlich zu wissen, wo sich jeder einzelne deiner Freunde befindet.

Generell muss ich sagen, dass ich nachts sowieso nicht alleine aus dem Haus gegangen bin, meistens war ich mit meinen zwei europäischen Männern aus der Uni unterwegs, Caspar und Antonio. Selbst tagsüber habe ich Respekt vor den indischen Männern. Wenn ich alleine unterwegs bin, versuche ich sie nicht direkt anzuschauen, denn wenn ich nur wenige Sekunden zu lange zu jemanden blicke, steht er an meiner Seite und ich habe das Gefühl, vor einer drohenden Hochzeit flüchten zu müssen... Manchmal ist es unangenehm, wenn Du die ganze Zeit angestarrt wirst. Selbst in der Uni, wenn ich zu meinem Klassensaal laufe, habe ich oft ein seltsames Gefühl, denn wenn ich stolpere, dann wüssten das alle. Vielleicht würde im nächsten Moment mein Handy klingeln und DJ wäre am Apparat, um mich zu fragen, ob ich mir wehgetan habe. Für möglich halte ich das, auch wenn es übertrieben scheint!

Zu dem Lebensstandard hier muss ich Dir auch etwas erzählen: In der Studentenwohnung leben nun über 18 Personen in drei nicht allzu großen Zimmern, hinzukommen ein paar ungeladene Gäste wie Mäuse oder Ratten. Sie wurden dort vor einigen Tagen in der Küche entdeckt, die Einwohner sind sich jedoch nicht einig, was genau es ist... Der Flurboden ist voller Matratzen und überall liegen offene Koffer, aus denen die Austauschstudenten leben, da sie keinen Platz haben, an dem sie ihre Kleidung unterbekommen. Du kannst dir das Szenario gar nicht vorstellen, dafür müsstest Du es mit Deinen eigenen Augen sehen! Und wahrscheinlich würdest Du es selbst dann nicht glauben! Es erinnert ein bisschen an die Flower-Power-Zeit, zumindest habe ich sie mir so immer vorgestellt, nur das in diesen Räumen weder Alkohol noch Rauchen, geschweige denn Sex erlaubt ist.

Ich habe viel Glück, dass ich bei DJ wohne! Die anderen leben in dieser Wohnung – wenn man sie so nennen darf – wie Tiere, einen anderen Begriff gibt es dafür nicht… Und es kommen immer mehr von ihnen! In den nächsten Wochen wird laut DJ diese Wohnung so voll mit Austauschstudenten sein, dass sie sich nachts einen Schlafplatz erkämpfen müssen. Ich frage mich, wie weit die Verantwortlichen für dieses Schlamassel die Kapazität dieser Wohnung noch strapazieren wollen... Privatsphäre ist in diesen Raumen längst zu einem Fremdwort geworden. Ich bin froh, dass ich nicht dorthin gezogen bin...

In Deutschland wäre so etwas nicht möglich. Aber wir sind auch nicht in Deutschland! Hier ticken die Uhren eben anders.

Dienstag, 1. Februar, Jalandhar

Endlich ist Februar!

Ich würde es kein grausames Heimweh nennen, was mich bewegt, das hier zu schreiben... Wie sollte es auch so sein? Die Menschen hier sind wahnsinnig nett zu mir! Doch ich vermisse meinen europäischen Standard, vor allem eine normale Dusche und eine staubfreie Stadt, und mich langweilt manchmal die indische Trägheit. Alles ist so unglaublich langsam hier, alle sind viel zu relaxt. Ich liebe die deutsche Geschäftigkeit, die Eile und dass es immer etwas zu tun gibt!

Ich komme nicht damit zu Recht ein paar Wochen nichts zu tun. Und das hat nichts damit zu tun, dass es mir hier nicht gefallen würde! DJ tut alles erdenklich Mögliche, um mich zu beschäftigen, aber das ist nicht das Gleiche...Zudem vermisse ich meine Unabhängigkeit! Hier werde ich auf Schritt und Tritt verfolgt. Es weiß immer jemand, wo ich mich befinde. Es ist schwer in der Dunkelheit alleine das Haus zu verlassen und da es schon um sechs Uhr anfängt dunkel zu werden, schränkt mich das ein! Ich fühle mich so schwunglos und träge, muss mich selbst für jeden Schritt aufraffen und habe viel zu viel Zeit, um über alles Mögliche nachzudenken...

*

Gestern aß ich aus Höflichkeit Street Food. Ich wollte es nicht, da mir bewusst ist, dass es gefährlich sein kann, aber nach gefühlten tausend „Ma'am"s von Mefis lieben Studenten, und dem süßen Angebot, sie würden mich sogar einladen, war es mir unmöglich „No!" zu sagen. Ich hätte das Gefühl gehabt, sie damit auf das Tiefste zu beleidigen, nicht offen für ihre wunderbare Kultur zu sein, die mich wahrhaftig fasziniert. Kaum war ich Zuhause, wurde ich von DJ, der immer weiß, was ich mache, böse getadelt.

Er fragte mich mit ernstem Blick, ob ich lebensmüde wäre, ob ich gerne sterben würde. Das Wasser, das für dieses Essen benutzt wird, sei nicht sauber. Meistens würde Wasser aus Flüssen genommen, um dieses Essen zu zubereiten. Was das bedeutet, konnte ich mir nur allzu gut vorstellen, da ich jeden Tag auf meinem Weg zur Uni über eine Brücke fahre, unter der sich ein Fluss befindet, der voller Dreck ist und schon die Farbe Lila angenommen hat. Das Wasser ist nicht leicht verfärbt, sondern es handelt sich hier um ein richtig grelles Lila, als hätte ihn jemand absichtlich eingefärbt. Es ist schwer sich das vorzustellen, wenn Du es nichts selbst gesehen hast! Der Chai, der in den Zügen verkauft wird, sei aus Shampoo, verkündete er mir wutentbrannt. Wie ich nach einem Monat Indien-Erfahrung immer noch so dumm sein könnte, meine Gesundheit derart leichtsinnig aufs Spiel zu setzen. Inder würden von solchen Sachen krank werden, für meinen europäischen Magen wäre das der blanke Wahnsinn! Ich hoffe, dass meine Freundlichkeit keine bösen Folgen für mich haben wird.

An dieser Stelle muss ich an Tatyana denken, eine Austauschstudentin aus der Ukraine. Sie hatte ungefiltertes Wasser getrunken, wie einst Axel als er anfing zu halluzinieren. Die Folgen waren unglaublich! Sie lag eine Woche auf unserem Sofa, musste sich übergeben, konnte kaum Laufen, kaum sprechen. Ein Arzt kam und gab ihr Spritzen, die ein Glück wirkten, denn jetzt geht es ihr wieder gut. Aber ich sage Dir, als ich sie einmal bei einem Toilettengang beobachtete, wie sie aufstand und sich in Zeitlupentempo zur Toilette *bewegte, da war ich starr vor Schreck. Mit gerade einmal 23 Jahren bewegte sie sich wie eine alte Greisin, der es kaum möglich war auf ihren eigenen Beinen zu stehen. Was verunreinigtes Wasser dem Organismus antun kann, das hätte ich nie für möglich gehalten. Etwas worüber ich mir in Deutschland noch nie Gedanken machen musste. Ich hätte nicht so leichtsinnig sein sollen. DJ hat Recht!*

Den Abend verbrachte ich gemeinsam mit Ana, danach fuhren wir mit DJ's Motorrad zu seiner Wohnung zurück. Ich hatte während der Fahrt nur Leggins, ein Kleid und eine Jacke an – wie schon erwähnt, das Unglaubliche ist wahr geworden: Es wird mit jedem Tag wärmer! – An sich ziemlich dumm so auf einem Motorrad ohne Helm mitzufahren, auf Straßen, die zum größten Teil aus Schotter bestehen, vor allem da ich selbst einen Motorradführerschein besitze und die Gefahren kenne... DJ ließ zwischendurch das Lenkrad los und das alte Spiel begann von Neuem: Ich musste lenken und Gas geben. Auch wenn wir nicht schnell fuhren – die Straßenverhältnisse hätten ein höheres Tempo gar nicht zugelassen –, hätte einiges passieren können. Aber wir hatten Spaß. Ich mache hier so unüberlegte Dinge, die ich in Deutschland niemals genießen könnte, da ich immer nur im Kopf hätte, dass ich solche dummen Sachen nicht tun sollte, aber hier ist das anders! Ich genieße den Moment, lebe so intensiv wie nie zuvor, denke nicht an die Strapazen von Gestern und die Konsequenzen von Morgen. Wir können doch einiges von anderen Kulturen lernen! So leicht wie hier, werde ich mich nie wieder fühlen.

Bei ihm angekommen schauten wir mit den ganzen chinesischen Austauschstudenten bei ihm einen Film. Es war sehr lustig. Wir alle hatten uns meine Aladin-Hosen angezogen und verbrachten einen wirklich schönen gemeinsamen ‚indischen' Abend.

*

Eben ist meine Katze zurückgekommen. Sie bricht in letzter Zeit oft aus und kommt, wenn sie Hunger hat, zum Fressen zurück. Ich glaube, sie ist rollig und verzweifelt auf der Suche nach einem Kater. Was ein typisch unindisches Verhalten für eine Frau ist, wie DJ immerzu verschmitzt grinsend sagt. Zudem hat sich mein kleines, süßes Kätzchen in einen wütenden Tiger verwandelt. Sie ist innerhalb der letzten Wochen gewachsen und ziemlich gefährlich geworden. Auch wenn sich das jetzt übertrieben anhört, ist es so! Vor einigen Tagen war sie böse auf mich, weil ich die Nacht nicht Zuhause geschlafen hatte, und hat mich stundenlange permanent angefallen. Ich versteckte mich unter der Decke und traute mich nicht dort wieder hervorzukommen, bis sie zu müde war, um mich weiter zu beißen und zu kratzen. In Anbetracht dieser Szene vermisse ich meinen ruhigen, alten Kater, der keiner Fliege etwas zu leide tun kann! Und beim nächsten Indienaufenthalt muss ich mich gegen Tollwut impfen lassen…

Mittwoch, 2. Februar, Jalandhar

Heute muss ich Dir etwas Lustiges erzählen. Ich habe das schon vorher bemerkt, aber nie darauf geachtet, weil ich mir nichts dabei gedacht habe. Aber heute haben die anderen Austauschstudenten und ich darüber gesprochen und da ergibt das, was ich zuvor als komisches Verhalten abgestempelt habe, etwas mehr Sinn. In Indien gibt es eine lustige Kopfbewegung, die permanent gemacht wird. Man lässt dabei seinen Kopf von einer Seite zur anderen wippen, was jemand mit europäischem Hintergrund als ein etwas anderes Kopfschütteln deuten könnte, weshalb man es als ein „Nein" aufnähme. Ist es jedoch nicht! Es bedeutet das Gegenteil, so etwas wie „ja" oder „alles ok". Es kann auch als Zustimmung oder positives Gefühl zu etwas beschrieben werden. Eine Übersetzung dafür zu finden, ist schwierig und genau deshalb löst es komische Situationen aus.

So kann es passieren, dass ich meinen Kurs frage, ob meine Studenten alles verstanden haben, und alle Kursmitglieder antworten lächelnd mit dieser Art von Kopfschütteln, was ‚ja' bedeutet. Da für mich ein Kopfschütteln jedoch ein deutliches ‚Nein' darstellt, frage ich also, was sie nicht verstanden haben, um mich etwas an das Problem heranzutasten, woraufhin sie wieder mit einem seltsamen Kopfschütteln antworten, was ich verwirrend finde, während sie mir nur sagen, dass alles ok sei. Noch irritierender muss diese Gewohnheit jedoch für Antonio sein, der Vorlesungen mit bis zu 200 Indern hält, die alle den Kopf schütteln, wenn er sie fragt, ob sie verstanden haben, was er ihnen erklärt hat.

*

Apropos, wenn wir gerade bei Antonio sind. Er kam vor einigen Tagen gestresst zu mir in den Klassensaal, auf die Frage, was los sei, antwortete er nur genervt, dass er eine furchtbare Besprechung hinter sich gebracht hatte. Um das zu verstehen, musst Du wissen, dass Antonio ein etwas sarkastisches und zynisches Gemüt hat, weshalb ihn die indische Lebensfreude ziemlich auf die Nerven geht.

Es ist Folgendes passiert: Antonio musste auf seine einzigen zwei Stunden Mittagspause an diesem Tag verzichten, da es zu dieser Zeit eine Besprechung gab, weshalb er den ganzen Tag ununterbrochen arbeiten musste. Er ging zu dem Treffen, war nicht begeistert, sah aber ein, dass es nötig war.

Nach einer Stunde Konferenz entschieden sich die indischen Dozenten dazu, dass sie genug diskutiert hätten, weshalb sie zum gemeinsamen Tanzen und Singen übergehen könnten. Der Portugiese wollte seinen Ohren und erst recht nicht seinen Augen trauen, als alle anfingen zu tanzen und laut sangen, während er gemütlich in seiner Mittagspause hätte sitzen und etwas essen können. Er ließ es trotzdem über sich ergehen. Ich glaube, ich hätte es amüsant gefunden, aber wir sind eben zwei völlig verschiedene Charaktere. Als er anschließend von den ganzen Indern aufgefordert wurde, ihnen einen portugiesischen Tanz oder ein Lied beizubringen, platzte ihm fast der Kragen. Wie er mir berichtete, flehten sie ihn förmlich an, ihnen ein Lied vorzusingen, was er unter keinen Umständen machen wollte. Tja, da sind eindeutig zwei Kulturen miteinander in Konflikt geraten!

Donnerstag, 3. Februar, Jalandhar

Gestern hatte ich ein schlimmes Erlebnis … Das ist mir zuvor noch nie passiert und ich musste die Geschehnisse erst verdauen, weshalb ich mich jetzt erst melde. Ich war nach dem, was passiert war, ziemlich schockiert und danach richtig wütend und das passiert mir selten, eigentlich nie! Ich hätte mich am liebsten gleich in einen Bus nach Delhi gesetzt und wäre nach Hause geflogen, aber da ich wusste, dass all das eine gute Ewigkeit dauern würde, war es wohl besser, dass ich mich wieder gefangen hatte, statt eine solch übereilte Entscheidungen getroffen zu haben.

Was war geschehen, dass mich so sehr aus der Fassung brachte?

Ich saß in einem fasten leeren Bus auf dem Weg zur Uni neben einem Inder. Ein anderer etwas jüngerer Mann kam zu uns und wollte sich in unsere Bank setzten. Ich machte mir keine Gedanken darüber, wieso er sich ausgerechnet neben mich setzte. Wir saßen zwar beengt, aber das passiert hier des Öfteren. Selbst wenn sich jemand auf meinen Schoß setzen würde, könnte ich wahrscheinlich nichts Seltsames mehr daran finden. Das einzige Komische war, dass wirklich viel Platz im Bus war und nur wir so gequetscht auf der engen Bank saßen. Trotzdem dachte ich mir nichts dabei. Alles andere wäre wohl paranoid gewesen! Vielleicht setzte er sich auch ausgerechnet neben mich, weil ich direkt an der Tür saß und es ihm so besser möglich war, während der Fahrt aus dem Bus zu springen… Wer wusste das schon? Immerhin stoppten die Busse manchmal nur wenige Sekunden, genau aus diesem Grund saß auch ich vor der Tür!

Während der Fahrt rückte er immer näher zu mir. Ich war der Meinung, dies läge an der holprigen Busfahrt, rückte aber trotzdem etwas näher zu dem anderen Mann, der bald von dem vielen Körperkontakt meinerseits verwirrt war. Kann man ihm nicht böse nehmen, immerhin glauben die meisten Inder, dass wir Europäer ziemlich offen sind und er hatte vielleicht Angst, dass ich mehr als er wollte...

Der Mann links von mir hatte scheinbar auch von dem Vorurteil gehört, dass Europäerinnen den ganzen Tag halbnackt durch die Straßen liefen, mehrmals täglich Sex hätten und regelmäßig dabei den Mann an ihrer Seite wechselten, und hoffte wohl aus genau diesem Grund, er könnte der nächste Glückliche sein, mit dem ich voller Freude meine perversen Spiele treiben würde.

Wie ich auf eine solch gemeine Unterstellung komme? Nach einigen Minuten musste ich feststellen, dass er sich einen üblen Porno auf seinem Handy anschaute, dabei hoffte, dass ich ihn auch sähe, und mir immer näherkam. Also waren die ganzen Geschehnisse kein Zufall... Ich bin mir auch nicht sicher, ob die Frauen in diesen Filmen das wirklich taten, weil sie es wollten und sich durch diese Filme Geld verdienten, oder ob sie vor meinen Augen vergewaltigt wurden. Eigentlich will ich darüber nicht weiter nachdenken, denn wenn ich mit Sicherheit sagen könnte, dass letzteres der Fall wäre, würde das einige schlaflose Nächte für mich bedeuten...

Er hielt das Handy so offensichtlich zu mir herüber, dass ich es nicht hätte übersehen können und zwangsläufig einen Blick darauf werfen musste. Ich tat ihm nicht den Gefallen auf seine ekelhaften Annäherungsversuche zu reagieren und schaute weiter aus dem Fenster, als wäre nichts passiert. Ignorieren ist in solchen Fällen, meiner Meinung nach, die beste Lösung. Ich hätte die Situation sowieso nicht ändern können! Er jedoch gab sich damit nicht zufrieden und rückte immer näher, weshalb ich dem Mann am Fenster stark auf die Pelle rückte, was ihm sichtlich unangenehm war. Verständlich, immerhin waren wir hier in der Öffentlichkeit. Vielleicht war er auch verheiratet und dieser Körperkontakt war ihm zu viel. Ich habe einmal gelesen, dass Frauen in Pakistan und im Norden Indiens mit Säure übergossen werden, wenn sie ihren Mann betrügen, vielleicht drohte ihm etwas Schlimmes, wenn er auf meine Annährungen einginge?

Ob er sich zu sehr von mit belästigt fühlte oder die Pornos auf dem Handy des jungen Mannes zu meiner Linken gesehen hatte, werde ich nie erfahren. Auf jeden Fall stand er plötzlich auf und wechselte den Sitzplatz. Ich nutzte sofort die gegebene Chance und tat das gleiche. Es wäre nicht gut geendet, wenn ich zwischen dem Typen und dem Busfenster eingesperrt gewesen wäre. Da ich jedoch immer noch nicht unhöflich sein bzw. Aufmerksamkeit erregen wollte und auch der Bus so schnell fuhr, dass es nicht sehr klug gewesen wäre, den Rest der Fahrt stehen zu bleiben, setzte ich mich wieder neben ihn. Aber auf die Flurseite, das gab mir zumindest die Möglichkeit wegzulaufen oder aus dem Bus zu springen, falls er noch einmal probieren würde, sich an mich heranzumachen.

Der eklige Inder nutzte diese Bewegung als Gesprächsanlass, um auf mich einzureden. Ich glaube, er wollte, dass ich sitzen bliebe, oder forderte vielleicht Dienste, die ich nicht bereit war auszuführen, doch ich tat ihm erneut nicht den Gefallen, auf ihn einzugehen. Erwähnte nur mehrmals in Englisch, dass ich kein Hindi spreche, was er scheinbar nicht verstand, oder was ihn zumindest nicht entmutigte, weiter sein Glück zu probieren und mir unmoralische Angebote zu machen, das ließen zumindest die peinlich berührten Blicke der Mitfahrer vermuten. Eingeschritten ist trotzdem niemand…

Er rückte erneut immer näher zu mir und redete ununterbrochen weiter, wovon ich nicht das Geringste verstand. Ich, immer mehr auf Abstand gehend, fiel fast vom Sitz in den Busflur. Doch ich hatte Glück, denn der Bus war endlich an meinem langersehnten Ziel angekommen – ich hatte mir noch nie so sehr gewünscht in der Uni anzukommen! Und das obwohl ich die Zustände dort, womit ich auf die Kinderarbeit anspiele, genauso wenig tolerieren kann.

Der Bus hatte noch nicht richtig angehalten, da sprang ich übermütig aus der offenen Tür, eventuell waren sie für solche Fälle immer offen? Ich war erleichtert draußen zu sein, vor allem da ich gesehen hatte, dass der ekelhafte Fremde mehr als ich bezahlt hatte, weshalb er nicht mit mir ausstieg, sondern weiterfahren würde. Als ich gerade dabei war die große Straße vor dem Unigelände zu überqueren, drehte ich mich kurz um und da stand er, direkt hinter mir. Ich hatte das Gefühl, mich in einem schlechten Horrorfilm zu befinden. Er war keinen Meter von mir entfernt, konnte mich fast anfassen und lächelte mich an, doch es war kein schönes Lächeln!

Das konnte nicht wahr sein! Wieso tat er das? Das Herz rutschte mir in die Hose. Ich beschleunigte mein Tempo, da ich wusste, dass er nur ausgestiegen war, um mich zu verfolgen. Mir schwand Böses und ein unangenehmes Gefühl breitete sich in meinem ganzen Körper aus. Trotzdem hatte ich die Ahnung, dass ich nicht einmal schreien könnte, auch wenn ich es wollte, wenn er mir noch näher käme... Dass ich nichts tun könnte, wenn er mich zu fassen bekäme.

Ich wurde noch nie in meinem Leben verfolgt, diese Situation war mir neu und da ich generell an das Gute im Menschen glaube, überforderte sie mich. Was hatte das für einen Sinn? Was versprach sich der fremde Mann von der ganzen Sache? Glaubte er, dass er mich auf offener Straße problemlos mitnehmen könnte, ohne dass jemand anderes das mitbekäme? So etwas war nicht möglich! Auch nicht in Indien! Oder doch? Ich beschleunigte meine Schritte und die Angst raubte mir den Atem, ließ mein Herz so laut pochen, dass ich das Gefühl hatte, mein Brustkorb würde im nächsten Moment explodieren.

Das einzige Gute an der ganzen Situation war, dass ich wusste, dass er nicht durch die Sicherheitskontrolle in die Universität käme, also überquerte ich schnell die breite Straße, die an mir vorbeirasenden Autos kaum beachtend, und wenige Sekunden später befand ich mich in Sicherheit, war jedoch den Tränen nahe, vor Wut, Angst und Erleichterung zugleich. Nie hatte ich mich so schlecht und dreckig gefühlt. Es war schlimm, darin bestätigt zu sein, dass dieser Inder dachte, alle weißen Mädchen wären Nutten, bei denen es nicht schwer wäre, sie ins Bett zu bekommen. Zu wissen, dass niemand etwas getan hätte, um mir zu helfen, obwohl einige meine unangenehme Situation mitbekommen haben müssten und offensichtlich war, was hier geschah. Die Menschen werden doch immer aufmerksam auf mich, wieso ignorierten sie mich in dem Moment, in dem ich Hilfe gebraucht hätte?

Freitag, 4. Februar, Jalandhar

Zu gestern: Da hatten wir ein sehr amüsantes Fest. Da ungefähr die Hälfte aller Austauschstudenten Chinesen sind, wurde das chinesische Neujahr bei uns groß gefeiert. Wir gingen alle gemeinsam gut essen, es gab ein kleines Feuerwerk und die Anwesenden im Restaurant waren von unserem Tumult so begeistert, dass sie massenhaft Fotos von uns beim Anstoßen schossen! Natürlich stießen wir mit Cola oder anderen Softdrinks an, Alkohol gibt es in normalen Restaurants nicht.

*

Heute muss ich Dir erneut von einem etwas unangenehmen Erlebnis erzählen. DJ fand es göttlich… Ich habe mich in meinem Leben noch nie so geschämt. Aber ich fange am besten ganz von vorne an. DJ ist, wie Du schon weißt, stark an der deutschen und russischen Geschichte interessiert und deshalb hat er auch so einige Sachen Zuhause, die ich oder jemand mit russischer Nationalität, wenn er sie irgendwo fände, sofort verbrennen würde. Dazu gehört nicht nur eine Flagge von Stalin, sondern auch eine Naziflagge und das Buch ‚Mein Kampf'. Axel ist Jude und erzählte mir vor einiger Zeit, dass er an seinem ersten Tag in Indien zu DJ nach Hause kam und mit einer Naziflagge begrüßt wurde, weshalb er kurz davor war, sich umzudrehen und zurück nach Brasilien zu fliegen. Verständlich, das ist geschmacklos.

Auch bei mir hat er festgestellt, dass ich – wie wahrscheinlich viele Deutsche – sensibel auf das brisante Thema reagiere. Deshalb hat er sich vorgenommen, mich möglichst oft mit peinlichen Situationen zu konfrontieren, damit ich nicht mehr auf solche Anspielungen reagiere. Ich bezweifle stark, dass ihm das gelingt! Ich müsste die ganze deutsche Geschichte vergessen, damit dies möglich wäre, und das wird nie passieren! Was gut ist, niemand sollte diese Geschehnisse vergessen!

Bei seinem ersten Versuch mich mit dem besagten Buch in der Hand neben der Nazi-Flagge zu fotografieren, ist er erbarmungslos gescheitert! Er fing sich nur einen schockierten Blick ein, gepaart mit einem entrüsteten „Never!". Auf die Drohung, er würde das eines Nachts machen, wenn ich schliefe, bekam er einen derart bösen Blick zurück, dass er schnell das Weite suchte. Abgesehen davon, dass ich unter keinen Umständen etwas mit einer solchen Ideologie zu tun haben möchte, stell Dir nur einmal vor, das käme an die Öffentlichkeit! Ich will mir nicht ausmalen, was das für meine Zukunft bedeuten würde…

Sein nächster Versuch, mich mit Hitler zu konfrontieren, ist ihm heute gelungen und ich stehe immer noch unter Schock, da mir noch nie so etwas Unangenehmes passiert ist: Ich kam in der Wohnung der anderen Austauschstudenten an und wunderte mich nach einiger Zeit, wieso meine Tasche so schwer war. Ich konnte mich nicht erinnern, etwas Schweres mitgenommen zu haben, weshalb ich dem Rätsel auf den Grund gehen wollte. Als ich begann in meinen Sachen herumzuwühlen, stellte ich fest, dass ein dickes, schweres Buch in meiner Tasche steckte. Was war das für ein Buch? Es kam mir nicht bekannt vor. Also holte ich es heraus, um festzustellen, um welches Buch es sich handelte, und war in diesem Moment umzingelt von einem guten Dutzend Chinesen, die mich alle wie erstarrt anschauten, als ich den dicken Wälzer hochhielt. Mein Blick war mit Sicherheit noch entsetzter als ihrer, denn mir rutschte das Herz in die Hose, als ich sah, was ich in der Hand hatte. Ich zog tatsächlich ‚Mein Kampf' aus meiner Handtasche, auf dem unnötigerweise ein überdimensional großes Bild von Hitler prangte, falls es jemand gäbe, der nicht wusste, was er mit diesen zwei Worten anfangen sollte. Während ich es entsetzt anstarrte und versuchte nach Worten zu ringen, färbte sich mein Gesicht knallrot. DJ stand neben mir. Er grinste mich und die Chinesen an und meinte nur kurz und bündig: „Das ist ihre Tageslektüre" Mir fehlten die Worte…

Samstag, 5. Februar, in der Universität, Jalandhar

Ich sitze in meinem Deutschunterricht, doch außer mir ist niemand anwesend. Gestern ist mir das auch passiert... Also nichts Neues.... Heute habe ich aber die Möglichkeit, die freie Zeit zu nutzen und Dir zu schreiben, was mir gestern nicht möglich war. Denn da kam zufällig der Spanischschüler, der mich immer in allem, was ich mache, verbessert, eine gute Stunde früher und er erzählte mir gut 1 ½ Stunden alles Mögliche. Die Hälfte von dem, was er mir erzählte, habe ich nicht einmal verstanden, da er so undeutlich redete.

*

Ana erklärte mir vor einigen Tagen, dass sie aufgrund eines Uni-Termins ihre Reisepläne mit mir ändern müsste. Ich weiß nicht, ob ich Dir davon erzählt habe, aber wir wollten uns gemeinsam auf den Weg nach Ostindien machen, uns dort Agra mit dem berühmten Taj Mahal anschauen, den Kamasutra Tempel besuchen und es hätte noch vieles mehr zu sehen gegeben. Ich habe wie wahnsinnig auf diese Tour hingefiebert, sie versprach einmalig zu werden. Aber nachdem sie mir sagte, sie müsse wegen des Termins früher nach Hause als geplant, buchte auch ich meinen Flug um. Ich konnte es mir nicht vorstellen, hier länger ohne meine gute Freundin Ana zu bleiben. Ana, die mir innerhalb der letzten Wochen so sehr ans Herz gewachsen war, mit der ich alles geteilt, so viel geredet habe – es wäre komisch ohne sie gewesen! Nein, ich will nicht länger hierbleiben, wenn sie weg ist! Das wäre nicht das gleiche.

Geschlafen haben wir die letzte Nacht kaum, dafür aber wieder recht viel getrunken, da es die Abschiedsparty von Ana und den anderen Brasilianern war. Sie flogen heute Morgen nach Banglore, also in den Süden des Landes. Ich werde vor allem sie in der nächsten Woche vermissen, aber wir sehen uns zum Glück bald wieder in Delhi. Sie hatte mich gebeten mitzukommen, aber ich kann nicht zwei Wochen vor Ende meines Praktikums von hier verschwinden, das geht selbst für mich nicht! Aber ich freue mich riesig, sie in der Hauptstadt zu treffen!

*

DJ und ich sind heute Morgen mit seinem Mopped zu ihm nach Hause gefahren. Auf dem Weg haben wir uns eine katholische Kirche angeschaut, was ziemlich interessant war. Wieso? Weil in Indien alles anders ist! Vor dem Betreten musste der Besucher wie auch bei den indischen Tempeln die Schuhe ausziehen. Es war lustig, etwas mir Vertrautes so anders zu erleben. Und um uns herum war alles unglaublich bunt, viel lebendiger als die Kirchen in Deutschland aussehen. Auf dem Dach gab es einen riesigen Jesus, der unter einem noch größeren, bunten Regenbogen stand. Ich konnte kaum meinen Augen trauen, als ich das sah, konnte mir schwer vorstellen, dass das nur eine andere Interpretation meiner eigenen Religion darstellt, denn ich fand wenige Gemeinsamkeiten.

Was die indischen Christen denken mögen, wenn sie in eine unserer, im Gegensatz zu ihren heiligen Stätten, sehr tristen Kirchen gehen? Wie nähmen sie unsere gesetzten Gottesdienste auf? Bestimmt verständen sie es nicht, fänden es deprimierend und gefühlslos, genauso wenig wie wir ihre farbenfrohe und verspielte Religion verstehen. Sie würden mit

Sicherheit fragen, wieso alles so eintönig sei, wo die ganzen Farben bleiben. Ach, Indien ist verrückt und als ich so in der Kirche stand, wurde mir erneut bewusst, wie wunderschön es zugleich ist! Wie toll dieses andere Lebensgefühl sein kann! Wie wunderbar und erfrischend es ist, dass immer alle Lachen, dass alle ihr Leben so leichtnehmen, nicht unter Termindruck stehen wie wir. Ich weiß, wenn ich wieder zurück bin, dann wird nach einigen Wochen alles wieder beim Alten sein, aber jetzt, wo ich Indien kennengelernt habe, weiß ich zugleich auch, wie schön es sein kann, so frei zu sein! Indien wird für mich immer Freiheit bedeuten von so vielen Zwängen, die ich in Deutschland nicht umgehen kann, die zu meinem Leben gehören und mir zuvor nicht aufgefallen waren, weil ich nicht wusste, dass man auch anders leben kann.

Danach aßen wir Maggi bei DJ. Was ist Maggi? Seltsam, dass ich Dir davon bisher nicht berichtet habe… Es ist eine Art fertige Nudelmischung und zudem recht scharf. Wie könnte es in Indien anders sein? Die Inder können es tagtäglich zu sich nehmen. An das scharfe Essen habe ich mich übrigens einigermaßen gewöhnt, auch wenn ich mich wieder auf Deutschland und normal scharfe Mahlzeiten freue. Hier hat selbst Mc Donalds eine gewisse Grundscharfe, da sie sonst keinen Absatzmarkt hätten! Zudem gibt es dort nur vegetarische Burger. Kühe sind ja heilig, weshalb ihr Fleisch nur auf dem Schwarzmarkt zu kaufen ist. Schweine werden aus Respekt zu Muslimen nicht gegessen und Hühnchen… Das habe ich in letzter Zeit zu viel gegessen! Ich sehne mich nach einem Rumpsteak.

DJs Mutter ist übrigens total süß. Sie fragte mich, ob sie mich besuchen könnte, falls sie nach Deutschland käme. Was für eine Frage? Natürlich!

Nach dem Essen kam DJ plötzlich auf die Idee, mir Öl in die Haare zu reiben. Das war ehrlich gesagt eine komische Prozedur, mir hat noch nie zuvor ein Mann Öl in die Haare gerieben… Bestimmt passiert das auch nie wieder! Da das so gut für meine Haare sei, sollte ich auch so in die Uni gehen. Bei aller Liebe, das ging nicht! Ich sah grausam aus und das ist nicht übertrieben, eher untertrieben! Aber wahrscheinlich wäre es keinem um mich herum aufgefallen, obwohl ich die ganze Zeit nur ahnen konnte, wie furchtbar ich mit diesen fettigen Haaren aussehen musste. Ich glaube wirklich, keiner hätte es bemerkt, und wenn doch, dann hätte es bestimmt keinen gestört!

Montag, 7. Februar, Jalandhar

Ich weiß nicht genau, warum es geschehen ist und was genau sich ereignet hat, aber es ist passiert und ich muss mit der neuen Situation zurechtkommen. Ein typisches Indien-Ding würde ich sagen. DJ hat mir heute Morgen gesagt, ich solle zuhause bleiben, und hat meinen Unterricht abgesagt, indem er behauptete, ich wäre krank, was nicht der Fall ist! Jetzt sitze ich bei ihm Zuhause und starre Löcher in die Decke, wie eine verzweifelte Geliebte, die ohne ihren Freund nicht das Haus verlassen darf, und warte darauf, dass er endlich zurückkommt. Raus gehen kann ich ohne ihn nicht, so dumm es klingen mag. Und auch wenn Jalandhar 860.000 Einwohner hat, ist es nur ein Dorf, wie alle immer sagen. Wenn ich irgendwohin gehe, weiß jeder, dass ich dort war. Ein Verwandter oder Freund von einem meiner Schüler würde mich sehen, weil ich so unglaublich auffällig bin. In so Momenten wünschte ich mir, dass ich nicht ganz so blass und blond wäre!

Dienstag, 8. Februar, Jalandhar

Gestern Abend war ich mit DJs Schwester Anup in einem Tempel in der Nähe ihrer Wohnung, wo sie mir während eines heiligen Rituales einen Aschepunkt auf die Stirn malte. Es war ein ungewöhnlicher Moment, aber es machte mir Spaß, so nah an der indischen Kultur dran zu sein, und es war schön, Zeit mit ihr zu verbringen.

DJ erzählte mir vor einigen Tagen, dass ihre Studentenorganisation neue Mitglieder suche und dafür ein Vorsprechen gemacht hatte. Die Antworten der Teilnehmer auf die Frage, wieso sie Mitglied werden wollen, klingen unfassbar, aber für mich nach fast sechs Wochen Indien doch relativ normal. Einer sagte DJ, dass er sie für eine Art Kuppler-Organisation halte und sich von seiner Mitgliedschaft eine weißhäutige Freundin verspräche. Ein anderer sah es als seine einmalige Möglichkeit an, einen amerikanischen Pass zu bekommen, da er durch seine Teilnahme eine Amerikanerin heiraten könnte. Es klingt derart abstrus… Aber trotzdem ist es wahr! Wie krass unterschiedlich unsere Einstellungen sind.

Am Anfang meines Aufenthaltes wäre ich noch zutiefst schockiert gewesen. Jetzt ist es eher so, dass ich grinsen muss, aber zumindest die Denkvorgänge dieser Menschen nachvollziehen kann, was nicht heißt, dass ich sie je verstehen werde.

DJ ist viel offener als die meisten seiner Landsmänner. Die nächste Frage, die die Bewerber auf ihre Toleranz prüfen sollte, lautete: „Was würdest du tun, wenn einer deiner Freunde schwul wäre!" Ich denke, ich habe ihn zu dieser Frage inspiriert, da ein guter

Freund von mir schwul ist. Die Antworten gingen von Sprachlosig-
keit und einem ungläubigen Blick über ein „Was ist schwul?", bis
hin zu einem „WAS???!!", „Warum sollte er so etwas tun????"
und einem intoleranten „ich würde ihn schlagen!"

*

Heute habe ich etwas Neues gelernt: Ich wusste ja bereits, dass Inder alles entweder unglaublich scharf oder süß essen. Ein Zwischending gibt es für sie nicht. Jetzt endlich gab mir DJ dafür eine mehr oder weniger nachvollziehbare Erklärung: Was nicht scharf oder süß ist, hat keinen Geschmack! Als ich daraufhin fragte, was Mütter ihren Babys zum Essen geben, da Kinder doch niemals derart scharfe Speisen essen könnten – zumindest in Europa käme niemand auf die Idee sein Baby mit Chili zu füttern –, meinte er, dass diese selbstverständlich auch scharf essen! Wieso sollten Eltern ihren Kindern schlechtes, geschmackloses Essen geben? Aus seiner Perspektive ist das nur verständlich und völlig logisch, trotzdem schaute ich ihn bei dieser Antwort mit verwirrtem Blick an.

Mittwoch, 9. Februar, Jalandhar

Ich sitze, wie schon gestern, bei DJ Zuhause und warte...
Auf was? Das weiß ich nicht! Aber ich darf das Haus nicht verlassen, weil alle denken, ich wäre krank. Ich verstehe nicht,
was der Sinn davon ist, aber wahrscheinlich liegt das daran,
dass mich DJs Gedankengänge immer noch jeden Tag von
neuem verblüffen. Auf jeden Fall langweile ich mich, weil ich
als sehr aktives Wesen lieber etwas unternehme, als wartend
auf DJ Zuhause zu sitzen und rein gar nichts zu tun.... Warum
bin ich nicht mit Ana in den Süden gefahren??? Dort hätte ich
wenigstens etwas zu tun und müsste mich nicht vor ganz
Jalandhar verstecken! Dort könnte ich die Welt entdecken und
Neues sehen, statt den ganzen Tag nur zu warten, damit rein
gar nichts passiert!

Freitag, 11. Februar, Agra

Ich sitze in meinem Hotelzimmer in Agra und bin froh, dass ich in drei Tagen um diese Zeit im Flugzeug auf dem Weg nach ,Good Old Germany' sitze. Ich vermisse meine Heimat und alleine zu reisen; vor allem wenn Du eine weiße Frau bist, kann das in Indien ziemlich anstrengend und nervenaufreibend sein! Ganz so hart hatte ich mir meinen Trip nicht vorgestellt!

Nicht dass die letzten paar Tage nicht schön und spannend zugleich gewesen wären, doch so langsam habe ich es satt, permanent an der Nase herumgeführt zu werden! Aber dazu später… Du fragst Dich bestimmt, wie ich plötzlich nach Agra gekommen bin. Immerhin liegen zwischen dieser Stadt und Jalandhar 600 Kilometer. In Deutschland sechs oder sieben Stunden Autofahrt, hier eine gefühlte Ewigkeit! Wie soll ich es Dir erklären? Eigentlich weiß ich es selbst nicht so recht… Alles war wieder völlig ungeplant und spontan! Wie könnte es anders sein? Doch erst einmal zurück zu meinen letzten Tagen in Jalandhar…

*

… *Obwohl es morgens immer etwas langweilig war und es ab Montag rein gar nichts zu unternehmen gab, da ich nicht mehr in der Uni unterrichtete, waren die Abende schön! Montag und Dienstag tranken DJ und ich etwas mit den anderen und schliefen im Austausch-Studenten-Haus. Dienstag verbrachte ich dort den ganzen Tag mit Rose. Wir kauften Bananen, Chips und Bier und machten uns darüber her, während wir nachmittags den Film ,Constantine' schauten. Danach legten wir uns gemeinsam ins Bett und schliefen zwei Stunden eng nebeneinander. Es ist verrückt, gemeinsam in einem 90cm Bett zu schlafen ist für mich nicht mehr ungemütlich! Trotzdem bin ich jedes Mal verblüfft darüber! Man liegt einfach nahe beieinander, aber das ist in Ordnung, wenn Du die andere Person ein bisschen besser kennst… Sonst muss das auch nicht sein! Wobei* zur Not alles möglich ist! Zur Not könnten wir in diesem Bett bestimmt auch zu viert gut schlafen.

Abends gingen wir mit Antonio, seit Neustem Roses Freund, und Mohamed, einem gutaussehenden Ägypter, zu KFC, obwohl Tom, einer der Chinesen, uns erklärte, dass es total abartig und ekelhaft wäre, frittiertes Hähnchen zu essen und so etwas niemand in China nur auf den Tisch stellen würde. Diese Meinung erschien uns etwas abstrus, vor allem da er uns kurz zuvor noch erzählte, dass es eine chinesische Spezialität wäre, lebenden Affen den Kopf aufzuschneiden und in ihr Gehirn heißes Öl zu gießen, um es dann zu essen. Alleine bei dem Gedanken musste ich mich fast übergeben. Frittiertes Hähnchen ist – meiner Meinung nach – weitaus weniger abartig! Ich verstehe nicht, wie jemand das eklig finden kann, aber Affenhirn in Öl als Delikatesse aufzählt. Aber gut, andere Länder, andere Sitten… Trotz meiner Experimentierfreudigkeit, weiß ich jedoch, was ich bei einer Chinareise sicherlich nicht essen werde!

Das Hähnchen war lecker, wir genossen es, internationales Essen zu uns zu nehmen. Danach gab es noch Eis. Rose und ich begannen uns gegenseitig unser Eis ins Gesicht zu schmieren, was ekelhaft klingt, aber verdammt lustig war. Gleichzeitig zogen wir Grimassen und lachten so sehr, dass uns die Bäuche wehtaten. Dass wir damit erst recht Blicke auf uns zogen, muss ich kaum erwähnen, selbst in Deutschland hätten uns die anderen Gäste unter diesen Umständen peinlich berührt angestarrt.

Danach ging es zum nächsten wichtigen Tagespunkt über: Was wollen wir heute Abend gemeinsam trinken? Wir entschieden uns für Tequila, was komplizierter war, als gedacht. Warum? Also erst wollten uns die Obstverkäufer die Limetten und Zitronen nur als frisch gepressten Saft verkaufen, aber nicht die ganzen Früchte, egal wie viel Geld wir ihnen dafür boten… Es machte fast den Eindruck, wir hätten sie um etwas Unerhörtes gebeten, was zudem völlig abwegig war. Jemand anderes machte uns später bewusst, dass Limetten gar keine Früchte sein, sondern Gemüse, weshalb wir sie nach einiger Zeit an einem Gemüsestand fanden. Als wir sie endlich hatten, stellte der Tequila das nächste Problem dar.

Am Ende bekamen wir überraschenderweise alles. Der Tequila war gut, innerhalb einer halben Stunde leerten wir vier die Flasche, Rose und Antonio verschwanden daraufhin in ein anderes Zimmer, während Tom und ich uns Geschichten aus unserem Leben erzählten. Danach rief ich eine Freundin in Deutschland an, bei der ich mich angetrunken darüber beklagte, dass einige Inder – vor allem in Bezug auf die Verfolgungsaktion – glaubten, ich wäre eine Pornodarstellerin, und danach aß ich Nudeln mit Tatyana und einem neuen Russen, dessen Namen ich leider vergessen habe, bevor ich erschöpft einschlief. Das alles war zu viel des Guten…

Gegen acht Uhr am Mittwochmorgen weckte mich DJ, wir müssten sofort nach Hause fahren. Zuhause angekommen stellte ich fest, dass ich keinen schönen Anblick bot, der wenige Schlaf und der Alkohol hatten sich nicht nur auf meinen körperlichen Zustand schlecht ausgewirkt: Meine Augenringe waren der Wahnsinn! Das war nicht verwunderlich, ich hatte die letzten drei Tage jede Nacht weniger als fünf Stunden geschlafen.

Den Rest des Tages verbrachte ich im Bett mit meiner Katze, die entweder wie ein kleines Baby auf mir schlief oder mich wie ein Teufel anfiel und mit ihren scharfen Krallen böse zurichtete. Das Aussehen meiner Arme ist aktuell nicht mehr feierlich. Gegen fünf Uhr kauften DJs Vater und ich mein Zugticket nach Agra. Ich hatte ehrlich gesagt etwas Angst vor der langen Zugreise alleine. Später stellte sich heraus, dass das nicht unbegründet war. Wie ich auf die Idee kam, so plötzlich nach Agra zu reisen, das weiß ich auch nicht mehr so genau. Ich hatte immer noch das Bedürfnis den Taj Mahal zu sehen, aber alles passierte wieder so schnell, dass ich nicht weiß, wie das alles passieren konnte… Eigentlich ist es auch egal.

Abends kam DJ später als sonst nach Hause. Dass er extra einen Kuchen für mich gekauft hatte, konnte ich zu dem Zeitpunkt nicht wissen. Um acht Uhr gingen wir zu „Arabic", das ist eine Shisha-

Bar in der Nähe des Studentenhauses. So gut wie alle Austauschstudenten hatten sich dort eingefunden, um einen gemütlichen Abend – meinen letzten Abend – dort zu verbringen. Eine der Chinesinnen, die erst frisch angereist war, lag regungslos in einer Ecke. Dass es ihr furchtbar ging, war kaum zu übersehen. Sie wollte jedoch nicht alleine zuhause bleiben, weshalb sie es bevorzugte, bei uns am Tisch zu liegen. Ihr Anblick war besorgniserregend. Ihr schmerzverzerrter Gesichtsausdruck machte mir Angst. Sie sah aus wie der Tod höchstpersönlich! Ich hoffe, es geht ihr bald besser!

Es ging ihr so schlecht, dass die Inder darüber nachdachten, dass es am besten wäre, sie nach Hause, also nach China, zurück zu schicken. Und wenn Inder erst einmal besorgt sind, dann muss es etwas sehr Ernstes sein! Ihre Freunde befürchteten, sie hätte eine Magen-Darm-Infektion. Grund dafür waren wahrscheinlich die Ratten, die seit neusten mit den Austauschstudenten unter einem Dach wohnen. Ja, es sind Ratten, nach längerer Beobachtung kamen wir zu diesem Entschluss. Die Vermutung liegt nahe, dass eine von ihnen auf das herumliegende Essen gepinkelt hat und dass das chinesische Mädchen nichts wissend davon gegessen hatte.

Ich glaube, es war zehn Uhr, als ich mich von den anderen verabschiedete und DJ und ich fuhren das letzte Mal gemeinsam auf seinem Motorrad zu ihm nach Hause, in seinen fast dörflichen Stadtteil. Ich war sehr melancholisch, als ich hinter ihm saß. Meine Arme hatte ich um ihn gelegt, schmiegte mich an ihn und dachte daran, wie schade es war, dass jede Freundschaft nur für eine gewisse Zeit bleibt, dass man immer eines Tages an den Punkt kommt, an dem man sich voneinander verabschieden muss. Und ich war noch nicht bereit dazu, ihn wieder in meinem Leben missen zu müssen…

In meinem einstigen Zuhause angekommen, ging ich in sein Zimmer, wollte meine Sachen fertig packen, da es schon ein Uhr nachts war und ich am nächsten Tag um sieben Uhr aufstehen musste, da mein Zug, für den ich tags zuvor das Ticket gekauft hatte, angeblich um 8:30 Uhr abfahren würde. Plötzlich tauchte DJs Mutter auf und erzählte, dass sie bis zum nächsten Tag in Delhi hätte bleiben sollen, aber als sie hörte, dass ich schon Donnerstagmorgen abreisen würde, war sie extra für mich früher zurückgekommen. Sie wollte es sich nicht entgehen lassen, mich zu verabschieden. Ich hätte in dem Moment am liebsten angefangen zu weinen, so gerührt war ich von ihrer Liebe und glücklich darüber, sie noch einmal sehen zu können, bevor ich gehen musste. Einen Tag zuvor hatte ich mich schon von Anup verabschieden müssen. Sie musste zurück nach Kanada. Ich hatte ihr für die Reise sowohl meinen Bettbezug als auch mein Parfüm gegeben, damit sie etwas hatte, dass sie an mich erinnerte. Ich finde es schade, zu gehen und nach einiger Zeit das Gefühl zu haben, nie dort gewesen zu sein, kein Teil mehr von alldem darzustellen. Wieder in mein normales Leben zurückzukehren.

Als Abschiedsgeschenk hatte ich für die ganze Familie massenhaft Äpfel, Bananen und indische Süßigkeiten gekauft, um mich für die schöne Zeit zu bedanken und dafür, dass sich alle immer so rührend um mich gekümmert hatten. Anup hatte sich darüber derartig gefreut, dass sie mir schöne Ohrringe schenkte und ihre Mutter mir zwei etwas kitschige, aber schöne Armbänder gab. So schnell werde ich diese Familie kaum vergessen! Wie könnte ich nur? Sie haben mich von einem Tag auf den nächsten aufgenommen, als wäre ich ihre Tochter oder Schwester, als wäre ich immer ein Teil von dieser Familie gewesen! Und in meinem Herzen werde ich das bleiben…

Mum erklärte mir, dass sie mich unbedingt besuchen wollte, wenn sie einmal in ihrem Leben nach Deutschland käme. Zudem fügte sie hinzu, dass ihr Zuhause hier in Indien immer mein Zuhause sein wird, weshalb ich immer herzlich willkommen sein werde. Das war total lieb von ihr! In Momenten wie diesen, auch wenn hier in Indien alles so anders ist, fühle ich mich wie ein Bestandteil dieser Gesellschaft, die aus derart wunderbaren, offenen und liebenswürdigen Menschen besteht, und es tut mir weh, dieses Leben hinter mir lassen zu müssen. Auch wenn ich weiß, dass ich hier keine Zukunft hätte. Selbst wenn DJ immer wieder plant, mich als indische Göttin auszugeben und Geld zu verdienen, indem ich Leuten verspräche, dass sie im nächsten Leben weiß werden würden! Ich glaube, dass dieser Trick funktionieren könnte, aber gleichzeitig ist es völlig abstrus und es ist nicht in Ordnung, so etwas zu machen, zumindest nach meiner Logik!

Aber zurück zu Mittwochnacht: Ich war entzückt, doch die Überraschung war längst noch nicht zu Ende! Plötzlich stand DJ mit einem Kuchen vor mir. Genauer gesagt, einem Schokoladenkuchen, der wohlgemerkt nur wie ein Schokoladenkuchen aussah. Die Inschrift war „Goodbye" und unter dem Kuchen war eine Swastika, welche in Indien Glück bedeutet, für einen Deutschen jedoch wie ein Hakenkreuz aussieht. Unterstützt wurde dieser Eindruck von der hellbraunen Schokolade, die den Kuchen bedeckte. Aufgrund dessen war es unvermeidbar, dass dieser Kuchen ein komisches Gefühl in meiner Magengegend hervorrief. DJ hat ihn mit Bedacht so ausgewählt, da bin ich mir sicher! Natürlich wusste er, an was diese Süßigkeit mich erinnern würde! Er hat bis zum bitteren Ende versucht, mir eine Art ‚Nazi-Therapie' zu verpassen, die mich davon abbringen sollte, bei der Erwähnung der deutschen Geschichte der 30er und 40er Jahre ein unangenehmes Gefühl zu empfinden. Es war klar, dass ihm dies nicht gelingt und genauso soll auch sein. Trotzdem hatte er es wieder geschafft, auch wenn es nur eine Swastika war, die auf dem Kuchen zu sehen war, die Grenze des Geschmacklosen weit zu überschreiten. Aber zugleich war dieser Kuchen eine wunderbare Geste, dass ich innerhalb dieser sechs Wochen auch sein Leben berührt habe, und ich werde diesen Abschied niemals vergessen! Es kann wohl kein Deutscher von sich behaupten, dass er je einen unsensiblen Hakenkreuzkuchen als Abschiedsgeschenk bekommen hat! Doch wie konnte es auch anders sein, der ‚Nazikuchen' schmeckte grauenhaft, sehr künstlich und kein bisschen nach Schokolade, wo von ich ausgegangen war. Gegen zwei Uhr gingen wir ins Bett und meine letzte Nacht in Jalandhar war angebrochen…

Um sieben Uhr, keine fünf Stunden später, klingelte mich mein erbarmungslos lauter Wecker nach einer viel zu kurzen Nacht aus dem Schlaf. Aber dieses Mal weckte er mich nicht nur für den Beginn eines neuen Tages, sondern kündigte zugleich den Beginn eines neuen Abenteuers an, auf das ich mich sehr freute, auch wenn ich zugleich Angst davor hatte, diese Reise alleine anzutreten. Liebevoll frittierte DJs Mum für mich Chapatis und bereitete mir einen Haufen Kartoffeln zu, damit ich mich gestärkt auf den Weg machen konnte. Ich habe selten so viel Nahrung morgens um halb acht zu mir genommen, es war eher ein deftiges und 6/reichhaltiges Mittagessen als ein Frühstück. Aber ich war doch recht froh, so gestärkt in meine Reise zu starten, denn bis heute Mittag um ein Uhr, also gut 30 Stunden später, hat sich keine Möglichkeit mehr ergeben, etwas zu essen.

DJ und ich standen gut zwei Stunden am Gleis, bevor der Zug endlich kam. Wie sollte es in Indien anders sein? Jedoch hätte ich in der momentanen Situation lieber zwei Stunden länger in meinem Bett verbracht, als in der eisigen Kälte an einem dreckigen Bahnhof zu stehen… DJ wartete die ganze Zeit gemeinsam mit mir und ich war sehr froh darüber. Wieso? Ich wäre nie in den richtigen Zug eingestiegen und stände jetzt noch verwirrt schauend an dem Bahngleis in Jalandhar oder wäre in einem Zug, auf dem Weg irgendwohin, wo ich nicht sein wollte! Für einen Inder ist dies bestimmt unbegreiflich, aber ich kann nichts mit dem lauten und schnellen Wiederholen indischer Städtenamen anfangen, die ein Mann durch den Bahnhof ruft, da die meisten dieser Orte mir auch nach über einem Monat Indienaufenthalt gar nichts sagen oder ich nicht weiß, wo genau sie liegen. DJ nutzte die Zeit, um mir erneut ausdrücklich nahe zu legen, dass er hoffte, dass ich meine ‚Tageslektüre‘, gemeint war damit natürlich ‚Mein Kampf‘ (Was hätte es anderes sein können?), nicht heimlich mitgenommen habe. Als ob ich ‚Mein Kampf‘ nach Deutschland schmuggeln würde? Aber mir hätte klar sein sollen, dass er sich einen bissigen Kommentar nicht verkneifen würde.

Auch das simple auf den Zugwarten war wieder ein spannendes Ereignis für mich. Ich beobachtete wie die Inder mit ihrem schweren Gepäck auf die Schienen sprangen, um diese möglichst schnell zu überqueren, ohne einen unnötig langen Umweg über die Brücke zu gehen, die über den Bahnsteig führte. Eine alte Frau, die Teil einer größeren Gruppe war, hatte sich scheinbar bei dieser waghalsigen Überquerung etwas gebrochen, was mich nicht verwunderte: Die Aktion war ziemlich gefährlich. Statt sich nur etwas zu brechen, hätte sie von einem Zug überrollt werden können. Trotzdem tat sie mir leid, aber sie biss die Zähne zusammen und lief hinkend weiter, um mühselig das Bahngleis hochzuklettern. Ich gebe zu, mir sind selten derart verrückte und andersdenkende Menschen begegnet wie in diesem Land!

Gleichzeitig war ich einen kurzen Moment überzeugt, dass es diese berühmten ‚Super Fast Trains‘, von denen die Inder immer schwärmen, tatsächlich gäbe, bis mir bewusst wurde, dass die Züge zwar um einiges langsamer sind als in Deutschland, aber nicht vor dem Bahnhof abbremsen, sondern mit der vollen Geschwindigkeit durchfahren, weshalb sie einem wahnsinnig schnell vorkommen. Fast hätte mich Indien erneut hinters Licht führen können.

Um 10:30 Uhr kam endlich mein Zug an, doch mit ihm leider auch der lang gefürchtete Moment, mich von DJ verabschieden zu müssen, was tränenreich endete. Ich wusste die ganzen Wochen, die ganze Zeit, während wir am Bahnhof warteten, dass dieser Moment käme, doch trotzdem hatte ich nicht damit gerechnet, dass uns nur so wenig Zeit blieb. Wir waren in den letzten Wochen so unglaublich gute Freunde geworden. Ich hatte DJ so sehr in mein Herz geschlossen, dass es ein schmerzhafter Abschied war.

Als der Zug sich in Bewegung setzte, rief er mir laut: „I love you!" durch das Zugfenster hinterher, während ich fassungslos und weinend auf meinem Schlafwagenabteil saß. Wie konnte alles nur so schnell vorbeigehen? „I love you, too!", rief ich und der Mann, dem ich so viel zu verdanken hatte, verschwand immer mehr aus meinem

Blickwinkel. Ein Bild, derart ergreifend, dass ich es so nur aus hochdramatischen Seifenopern kannte. Es war so typisch für Indien und so untypisch zugleich, dass es wieder nirgends anders als hier genauso passieren konnte. Die Frau mir gegenüber, schaute mich verwirrt an, was in einem Land in dem, laut DJ, über 85% aller Hochzeiten arrangiert sein, nicht verwunderlich ist. Einem Land, in dem es Männern nicht möglich sei, eine Frau auf der Straße zu küssen, ohne dass sie für eine Prostituierte gehalten wird oder beide wegen einem harmlosen Kuss auf das Polizeirevier müssen. DJ hatte mir vor einigen Tagen erzählt, dass er vor einiger Zeit von einem Polizisten mitgenommen wurde, als dieser sah, wie DJ nachts auf seinem Motorrad seiner damaligen Freundin einen Kuss gab. Sein Vater musste ihn danach vom Polizeirevier abholen. Was für ihn bestimmt genauso peinlich war, als müsste mich mein Vater dort abholen, weil ich mich mit einem Typen im Freien vor anderen Menschen vergnügt hätte.

„I love you!" Diese Worte blieben mir so lange im Kopf. Und ich liebe ihn wirklich, wie einen Bruder, ich liebe seine Familie, Indien, die Kultur und die Menschen hier! Mein Leben, weil es mir diese wunderbare Erfahrung ermöglicht hat! Weil er eine beeindruckende Persönlichkeit ist und mir so viel gegeben hat.

Die Frau vor mir sprach nur Hindi, trotzdem fand ich nach einiger Zeit heraus, dass sie zur gleichen Haltestelle wie ich musste („Agra Cantt"). Das war eine Erleichterung, da in Indien die Namen der Haltestellen weder durchgesagt werden, noch an den Bahngleisen stehen und wenn doch, dann auf Hindi, was mir nicht weiterhilft.

Die Fahrt war unglaublich lange, trotz dessen dass ich in einem so genannten ‚Super Fast Train' saß, der für weniger als 600 km ‚nur' gut 13 Stunden brauchte. Er machte seinem Namen alle Ehre… Eigentlich bin ich es schon gewohnt, stundenlange nichts zu tun, meinen Gedanken zu folgen und rein gar nichts zu machen, mich nicht einmal zu bewegen – auch etwas, was ich in Indien gelernt habe! Trotzdem war es nervig, dass mir das Zugpersonal immer falsche Uhrzeiten nannte, obwohl jeder wusste, dass ich niemals so schnell an meinem Ziel eintreffen würde. Zuerst hieß es, ich käme um sieben Uhr an: Knapp neun Stunden Zugfahrt! Es gab Schlimmeres! Abgesehen davon war ich froh, dass es bei meiner Ankunft noch nicht vollkommen dunkel wäre. Um sieben Uhr hieß es, wir kämen erst um halb neun an. Um halb neun wurde diese Uhrzeit auf halb zehn revidiert, danach erklärten sie mir, es werde zehn Uhr und ab zehn Uhr hieß es, in fünf Minuten wären wir da... Letzten Endes war es kurz nach elf, als ich in Agra einfuhr und den Hotelbesitzer gut zehn Mal angerufen hatte, um ihm immer wieder zu sagen, dass sein Rikscha-Fahrer noch ein bisschen später kommen sollte, um mich abzuholen.

Die meiste Zeit habe ich versucht zu schlafen. Das Highlight der Reise, welches meine Aufmerksamkeit immer wieder in Bann zog, war eine große Ratte, die scheinbar in unserem Abteil wohnte und ab und an auftauchte, um schnell zwischen unseren Beinen durchzuflitzen, keinen störte es. Warum auch? Sie tat uns ja nichts!

Ein unangenehmes Ereignis gab es leider auch: Einen unglaublich aufdringlichen Inder. Wobei ich mir nicht sicher bin, ob er tatsächlich ein gebürtiger Inder war. Er verkaufte Süßigkeiten für die Fahrt und fing plötzlich an, mit mir Hindi zu reden, dabei rückte er immer näher zu mir, während ich immer mehr Richtung Wand rückte und versuchte, mich weiter in meinen großen Schal einzuwickeln, den ich aufgrund der Kälte, die mich nach Sonnenuntergang frieren ließ, als Decke benutzte. Nicht schließbare Zugfenster sind nicht praktisch! Der aufdringliche Schweißgeruch, der von ihm ausging, verschlimmerte die Situation um einiges... Er kam schnell zur Sache und fragte mich, ob ich verheiratet wäre. Ich nutzte die Chance, um ihn loszuwerden, und bejahte seine Frage sofort, während ich schnell mein Handy aus der Tasche zog und ihm ein Bild von meinem besten Freund und mir zeigte, welches ich glücklicherweise als Handyhintergrund hatte. Trotzdem dachte er nicht im Geringsten daran, mich in Ruhe zu lassen. Für eine Europäerin bedeutete Ehe bestimmt nicht zwangsläufig, dass sie sich nicht mit anderen vergnügen könnte.

Als Ana mich anrief, redete er immer weiter auf mich ein, obwohl ich gerade mit ihr redete und sie aufgrund seines anhaltenden Gequatsches kaum verstand. Danach wollte er unbedingt mein Handy haben und riss es mir fast aus der Hand, um seine Nummer hinein zu tippen. Aber aus welchem Grund auch immer funktionierte es nicht so, wie er es wollte, und ich musste ihm das Handy fast gewaltsam abnehmen. Ich wäre nicht so unhöflich gewesen, wenn mein Akku nicht fast leer gewesen wäre und er langsam eine Zumutung wurde, da er fast auf meinem Schoß saß, und ich seine Annäherungsversuche nicht mehr länger ertrug. Wahrscheinlich dachte er, dass er es mit mir als Deutscher, die es mit den Männern nicht so eng nimmt, ja machen könnte. Wie ich dieses Vorurteil hasse! Ich hätte weinen können, aber das hätte die Situation nur verschlimmert.

Ein weiteres Problem lag darin, dass ich aus einem mir unbekannten Grund nicht telefonieren konnte und das musste ich schnellst möglich lösen, hoffend, dass es nicht daran lag, dass meine Handygesellschaft wieder ausgefallen war. Wieso war es mir so wichtig zu telefonieren? Weil meine Hotelplanung sehr chaotisch war und ich nachts nicht alleine ohne Hotel am Bahnhof von Agra stehen oder gar schlafen wollte! Während ich langsam panisch wurde, kam mir der Inder immer näher, auch wenn das kaum noch möglich war. Dass er es sich nicht auf meinem Schoß gemütlich gemacht hatte, war wirklich alles.

Seine Hand begann unangenehm nach mir zu grabschen. Das Angebot, er könnte mir helfen, meine Koffer zu tragen, da er auch in Agra aussteigen würde, oder ich könnte mit ihm nach Hause gehen, schlug ich genervt aus. So leicht konnte er mich nicht mitnehmen! Auch wenn er davon ausging! Das permanente Schreiben irgendwelcher Zeichen, die ich nicht verstand, sowohl in seine Handflächen als auf meinen Sitz, machten mich wütend, da ich Besseres zu tun hatte, als mich von ihm belästigen zu lassen, und da es mich unglaublich aufregte, was für ein Bild er scheinbar von Europäerinnen hatte. Gerade als er mir noch ein Stück näherkam, und es mir nicht mehr möglich war, mich noch dünner zu machen, ich das Gefühl hatte, gleich laut loszuschreien, kam zum Glück jemand vom Zugpersonal an unserer Kabine vorbei, bemerkte meine verzwickte Situation und wies den anderen Mann in seine Schranken. Ich war ihm wahnsinnig dankbar, auch wenn ich das in dem Moment nicht zum Ausdruck bringen konnte, da mich die vorherige Situation immer noch überforderte und ich erst einmal Luft holen musste, bevor ich wieder zu etwas fähig war. Erst als ich seinen Schweißgeruch langsam aus der Nase bekam, hörte auch mein Herz auf wie wahnsinnig zu klopfen.

Kurz nach elf Uhr kam ich widererwartend in Agra an, ab irgendeinem Punkt meiner Reise war ich überzeugt davon gewesen, dass diese Zugfahrt niemals enden würde, dass ich in einem Zeitloch gefangen war und für die nächsten Wochen, Monate, Jahre in einem kalten Zugabteil durch das dunkle Indien fahren würde. Ich war voll beladen wie ein Packesel mit meinem ganzen Gepäck von 1 ½ Monaten Indienaufenthalt. Es war nicht angenehm! Das nächste Mal, wenn ich so einen Wahnsinns-Trip plane, kaufe ich mir vorher einen Backpack. Dieser unhandliche Koffer und zugleich noch mein Handgepäck-Trolli, das ist grausam!

Wie in jeder neuen Stadt empfingen mich gefühlt tausend Rikschas und Taxis und alle wollten gleichzeitig mit mir reden. Ich nahm eines der vielen Tucktucks, obwohl mir bewusst war, dass der Riksha-Fahrer gut 50 Rupies zu viel verlangte, doch ich war zu erschöpft, um noch lange zu verhandeln. Bevor ich in sein Gefährt stieg, fragte ich den Fahrer, ob er wirklich sicher wusste, wo sich der ‚Taj Mahal Palace‘ befände – einige andere Austauschstudenten hatten bereits dort genächtigt und mochten diese Unterkunft sehr – und er hatte das überzeugend bejaht. Was sich kurz später als Lüge herausstellte und wir irrten erneut durch die Nacht. Wäre ich nicht so erschöpft gewesen, hätte ich einen Wutanfall bekommen.

Kurz vor zwölf Uhr kam ich an meinem Ziel an, obwohl ich nicht mehr daran glauben wollte, dass wir in dieser großen Stadt mein Hotel fänden. Der Besitzer zeigte mir einen schönen Raum, doch erklärte er mir im gleichen Atemzug, dass ich kein heißes Wasser hätte. Ich erinnerte mich in just diesem Moment genervt an mein Telefongespräch mit dem Manager zurück, in dem er mich fragte, ob ich einen bestimmten Wunsch hätte, und ich darauf entgegnete: „I really whould like to have hot water!" Ja, das ist längst nichts Selbstverständliches mehr für mich! Darauf antwortete er mir kurz, das wäre kein Problem und es würde mir bestimmt in seinem Hotel gefallen... Erneut hatten sie mich hereingelegt! Doch ich war zu erschöpft, mich darüber aufzuregen. Ich wollte nur noch schnellstmöglich ins Bett.

Ich ging zur Rezeption und füllte meine Papiere aus, als ich auf mein Zimmer gehen wollte, hielt mich ein Mann auf und erzählte mir etwas über alle Sehenswürdigkeiten, die es in dieser Stadt gebe. Erst beim zweiten Hinsehen wurde mir bewusst, dass das mein Rikscha-Fahrer war, der mich zum Hotel gebracht hatte. Auf jeden Fall erzählte er mir etwas von einer supergünstigen Stadt-Tour, die ich mit seiner Rikscha machen könnte. Ich wusste, dass er mich wieder reinlegte und mir einen zu hohen Preis nannte. Ich resignierte vor Müdigkeit und dachte, okay, ich lasse die Tour auf mich zu kommen. Das Wichtigste war, dass ich alle Sehenswürdigkeiten der Stadt sehen würde, unter welchen Umständen das geschähe, würde ich ignorieren. Ich war kein Teil dieser Gesellschaft mehr, ich war nur eine Touristin, vielleicht auch nie etwas anderes gewesen und da war es klar, dass sie versuchten, möglichst viel Geld mit mir zu machen.

Er bot mir an, mich am nächsten Morgen früh abzuholen: Um sieben Uhr! Was ich rigoros ablehnte, das war zu viel des Guten! Ich war so erledigt... Ich würde den kommenden Tag nicht überstehen, wenn ich heute Nacht nicht mindestens acht Stunden am Stück schliefe. Gegen ein Uhr nachts fiel ich todmüde ins Bett und schlief sofort ein.

*

Heute morgen wachte ich gegen neun Uhr auf und wurde schon auf meinem Weg ins Bad von einem mir unbekannten Inder abgefangen, der mich überreden wollte, mit ihm eine Stadttour zu machen, da der andere Rikscha-Fahrer viel zu teuer wäre. Verrückt, dass er mich abfing, kaum hatte ich die Toilette verlassen. Das ließ vermuten, dass er den ganzen Morgen auf mein Erscheinen gewartet hatte. Aber tatsächlich machte er mir ein gutes Angebot und ich akzeptierte es. Warum soll ich mich nicht einmal dafür revanchieren, dass mich die ganze Welt reinlegt?! Also verließen wir fast fluchtartig das Hotel, bevor mich der andere Mann abholen konnte.

Zuerst schauten wir uns das ‚Agra Fort‘ an, es war schön dort. Ich mochte die grünen Gärten und die rote Farbe des Gebäudes, die mich ein bisschen an die Alhambra in Granada erinnerte, auch wenn Indien nicht im Geringsten mit Spanien vergleichbar ist! Ich fragte mich während meines ganzen Aufenthaltes immer wieder, ob die indischen Touristen wegen der Festung da waren oder ob es sich herumgesprochen hatte, dass ich in der Stadt war, und sie nur aus diesem Grund nach Agra gereist waren. Ich fühlte mich erneut wie Heidi Klum auf dem Catwalk, nur dass ich heute nicht gut aussah! Ich hatte mir das angezogen, was ich als erstes am Morgen in meinem Koffer gefunden hatte, da ich ja fluchtartig das Hotel verlassen musste, und was noch sauber war. Ich war ungeschminkt und zudem sahen meine Haare furchtbar aus, da mir mein Shampoo ausgegangen war und ich sie mir deshalb mit Duschgel gewaschen hatte. Dumme Idee! Sauber waren sie, aber sie sahen nach zwei Stunden aus, als hätte ich mir einen halben Liter Öl über den Kopf gekippt. Doch das war mir egal, vor allem da die Reaktionen der anderen Anwesenden vermuten ließen, dass ich frisch zur ‚Miss India‘ gekrönt worden war. In Deutschland hätte mich jeder aufgrund meines Looks abschätzig angeschaut, hier wurden im Sekundentakt Fotos von und mit mir geschossen, die mit Sicherheit lange zahlreiche Familienalben zieren werden.

Eine pakistanische Schülergruppe wollte unbedingt ein Gruppenbild mit mir machen und kaum hatte jemand auf den Auslöser gedrückt, stürzen sich ihre Lehrer auf mich und ich befand mich plötzlich im Arm eines älteren Pakistaners und eine der Lehrerinnen hielt zärtlich meine Hand. Auch zwei alte Frauen wollten ein Foto von mir haben, kaum hatte einer ihrer Männer es gemacht, wechselte er die Plätze mit ihnen und hatte die Hand um meine Taille, im Hintergrund sah man den Taj Mahal, der vom Nebel (oder war es Smog?) verdeckt wurde. Jedoch glaube ich nicht, dass nur einer, dem die Fotos gezeigt werden, auf den Taj Mahal achten wird. Ich kann mich täuschen, doch nach meinen bisherigen Erfahrungen gehe ich davon aus, dass ich mit dieser Annahme richtig liege.

Beim Thema Fotografieren bin ich keine Amateurin mehr und habe innerhalb der letzten Monate so einiges von den Indern gelernt! Stand ich in den ersten Wochen verwirrt neben ihnen und wusste nicht, wie mir geschah, bestehe ich jetzt immer darauf, ein Foto machen zu dürfen. Wenn sie die Kamera zücken, tue ich es ihnen gleich, was zur Folge hat, dass ich einen Haufen lustiger Bilder mit wildfremden Menschen habe, deren Namen ich nicht kenne! Zudem habe ich auf den Bildern aufgrund meiner Blässe Ähnlichkeit mit einem Geist oder einer anderen übernatürlichen Erscheinung, weshalb ich noch in Jahren über diese Aufnahmen lachen werde.

Bei meinem Spaziergang durch das gewaltige ‚Agra Fort' traf ich nach wenigen Minuten auf einen an mir ziemlich interessierten Mann, der bereits zuvor ein Bild mit mir gemacht hatte. Ich konnte es gut überspielen, dass ich mich nicht mehr im Geringsten an ihn erinnerte. Es sind zu viele Menschen, die Fotos mit mir schießen… Er fragte, ob ich alleine unterwegs wäre, und meinte, nachdem ich das bejaht hatte, ich könnte ihm Gesellschaft leisten. Ich wollte nicht unhöflich sein und „nein" sagen, weshalb ich ihm hinterherlief und den Geschichten aus seinem Leben lauschte. Am Ende unserer Besichtigung dieses Gebäudekomplexes fragte er nach meiner Nummer, obwohl ich ihm klarmachte, dass das meine letzten Tage wären, die ich hier in Indien verbringen würde, ließ er nicht locker. Er war mir von Anfang an zu penetrant gewesen und ich hätte ihm nicht meine Nummer geben sollen, doch ich wollte ihn nicht beleidigen. Was er im Folgenden ablieferte, schoss den Vogel ab: Er rief mich den Rest des Tages gefühlte tausendmal an und schrieb mir unentwegt SMSen. Anstatt ihm meine Nummer gegeben zu haben, hatte ich das Gefühl, „ja" zu einem Heiratsantrag gesagt zu haben. Was lernen wir daraus? Ich sollte fremden Männern nicht meine Nummer aus Höflichkeit geben! Eigentlich ist das generell keine schlechte Idee!

Danach bewegte ich mich zurück zu meinem Tucktuck-Fahrer, der übrigens Ravi hieß, und wir gingen Batterien einkaufen, die waren jedoch so überteuert, dass ich das Gefühl bekam, dass der einzige Sinn dieser Fahrt darin lag, möglichst viel Geld aus mir herausbekommen. Doch was sollte ich tun? Ich brauchte dringend Batterien! Auch wenn der Preis unverschämt hoch war und ich stark davon ausging, dass sie trotzdem nicht länger als die anderen halten würden, die ich für fünf Rupies in einem Geschäft auf der Straße gekauft hatte, blieb mir nichts anderes übrig, als dem Geschäft zu zustimmen. Hätte ich sie nicht gekauft, hätte ich keine Fotos mehr machen können. Und das wollte ich nicht, vor allem da der ‚Taj Mahal' zum Greifen nahe war! Bei meinem nächsten Indienbesuch nehme ich auf jeden Fall eine große Packung Batterien mit, damit mir diese so schnell nicht mehr ausgehen!

Danach gingen wir zum ‚Baby Taj Mahal', der eine Art ‚Taj Mahal' im Miniaturformat war. Er war wirklich schön, liebevoll gestaltet und strahlte eine gewisse Ruhe und

Geborgenheit aus. Leider beging ich einen Fehler, den ich nach fast 1 ½ Monaten Indienaufenthalt nicht mehr hätte machen sollen… Ich ärgerte mich sehr über mich selbst, aber da war es schon zu spät. Als ich den Tempel betrat, hatte ich vergessen, meine Schuhe auszuziehen, und verstand im ersten Moment nicht, was die Menschen um mich herum mit ihrem panischen Winken bezwecken wollten. Nach wenigen Sekunden fiel es mir wie Schuppen von den Augen und es war mir unangenehm, diesen Anfängerfehler begangen zu haben. Ich bin nun offiziell eine Touristin und kein Mitglied der Gesellschaft mehr… Ich habe mich durch diesen Fehler selbst ins Aus manövriert.

Nach diesen kulturellen Begegnungen gingen wir etwas Essen und spätestens als der Kellner mir winzig kleine Portionen für einen deutschen Preis vorsetzte und ich nur umgeben von Nicht-Indern war, wusste ich mit Sicherheit, dass ich in einem Restaurant für ausländische Touristen gelandet war! Ich war nicht scharfsinnig genug gewesen, dies zu verhindern. Aber ich war auch froh, etwas zu essen zu bekommen, nach 30 Stunden ohne jegliche Nahrung ist es einem egal, wie viel man für sein Essen bezahlt. Das Essen war gut, nicht so scharf, gemacht für Touristen eben.

Meine schlechte Laune wurde schnell besänftigt, als wir nach Speis und Trank die Rückseite des beeindruckenden ‚Taj Mahals' besichtigten. Das war der erste Vorgeschmack für den kommenden Tag. Da es Freitag war, hatte der ‚Taj Mahal' nicht geöffnet. So wie ich es verstanden habe, wird er jeden Freitag fleißig von den Bewohnern Agras geputzt und im Stande gehalten. Aber ich denke, es ist eine gute Entscheidung, dass ich ihn mir als krönenden Abschluss meiner Reise aufgehoben habe. Ich glaube nicht, dass es sehr viel beeindruckendere Plätze in Indien, auf dieser Welt gibt, als dieses riesige, weiße Grabmal.

Nach diesem Erlebnis wurde es jedoch wieder ungemüt-lich. Ravi schleppte mich mit seinem Tucktuck durch alle möglichen Geschäfte, in denen es vor allem teuer und touristisch war. Dabei wollte ich nicht einkaufen und das hatte ich ihm auch ausdrücklich gesagt. Doch es war das gleiche Spiel, wie ich es schon aus Urlauben in Ägypten und Marokko kannte, nur dass ich nicht wie damals Mitglied einer riesigen Gruppe gewesen war, sondern er mich den Verkäufern alleine auslie-ferte, was bedeutete, dass sich alle auf mich stürzten, um mir Sachen schmackhaft zu machen, die mich nicht im mindesten interessierten, und da ich nicht gerne unhöflich zu meinen Mit-menschen bin und alle nett zu mir waren, war es eine grau-same Prozedur. Nach einiger Zeit ging es selbst mir zu weit und ich bin wirklich ein ruhiger und geduldiger Mensch, aber nachdem ich gut eine Stunde von allen Seiten stark bedrängt wurde, möglichst viel zu kaufen, hatte ich keine Lust mehr. Sie konnten mir so oft sie wollten erzählen, was für ein wahnsin-nig gutes Angebot ich mir entgehen lassen würde und dass die Seide von ihnen höchstpersönlich hergestellt wurde, der Stein echter weißer Marmor wäre und sie mir den riesigen Teppich noch heute zu mir nach Hause schickten, wenn ich ihn jetzt kaufen würde, ich würde trotzdem nichts kaufen.

Wir kauften nach dieser Höllen-Prozedur noch ein Busti-cket und es war ein Fehler mit meinem Rikscha-Fahrer in ein Reisebüro zu gehen. Abgesehen davon, dass sie mir das Dop-pelte des normalen Preises berechneten, machte ich mich er-neut von Ravi abhängig, weil er mich an meinem Abreisetag wieder dorthin fahren musste!

Es war erst fünf Uhr, als ich erschöpft zurück ins Hotel kehrte, mit einer Tüte Chips, einer Tafel Schokolade und einer Flasche Cola in meiner Tasche. Sicher wissend, dass ich diesen Raum heute nicht mehr freiwillig verlassen würde.

*

So, es ist zwar erst Viertel nach neun, aber ich plane morgen früh aufzustehen, zu duschen und meine Sachen zu packen, da ich spätestens um zehn Uhr auschecken muss. Deshalb werde ich jetzt schlafen.

Samstag, 12. Februar, Agra, Taj Mahal

Ehrlich gesagt, habe ich nie darüber nachgedacht, in meinem Leben zum ‚Taj Mahal' zu reisen, und jetzt sitze ich wahrhaftig vor diesem beeindruckenden Gebäude in einem riesigen, wunderschönen Garten. Und das, was ich hier sehe, stellt alles bisher Gesehene in den Schatten, die ganzen Sehenswürdigkeiten, die ich in meinem Leben besichtigt habe, verlieren neben ihm an Glanz und Bedeutung. Ich habe noch nie etwas derart Beeindruckendes gesehen. Ich hätte mir nie vorstellen können, dass der ‚Taj Mahal' einen derartigen Eindruck auf mich hinterlässt, dass überhaupt irgendein Gebäude einen solchen Eindruck hinterlassen kann. Es raubt einem den Atem, dieses Wunderwerk aus weißem Marmor vor sich zu erblicken. Es wahrhaftig persönlich zu erleben und nicht nur im Fernsehen zu sehen. Ich könnte es stundenlange sprachlos betrachten, mich von seiner Gewaltigkeit und zugleich dem wunderbaren Anmut dieses Mausoleums in Bann ziehen lassen. Ich glaube, am ‚Taj Mahal' kannst Du Dich niemals sattsehen. Wahrscheinlich könntest Du eine Ewigkeit vor ihm stehen und die Faszination würde nicht im Geringsten abnehmen.

Wenn Du über den weißen Marmor, der mit tausenden von bunten Steinen verziert ist, mit den Fingerspitzen fährst, raubt es Dir fast den Atem. Du hast das Gefühl, hier für immer bleiben zu wollen. Bis ans Ende der Zeit in diesem grünen Garten zu sitzen und den ‚Taj Mahal' anzuschauen. Wenn Du durch Indien reist, musst Du ihn besuchen, da gibt es kein Aber, keine Ausreden, da sie alle lächerlich und banal wirken, wenn Du vor diesem Gebäude stehst. Es ist ehrlich gesagt eine Schande, in Indien gewesen zu sein, und nicht den ‚Taj Mahal' gesehen zu haben! Falls es mich wieder hierher verschlägt, werde ich wieder an diesen zauberhaften Ort kommen und erneut feststellen, dass der Mann, der dieses Gebäude seiner verstorbenen Frau errichten ließ, unglaublich in sie verliebt gewesen sein musste, und sie mit Sicherheit einzigartig war, wenn sie ein so beeindruckendes Grabmal gebaut bekommen hat!

Ein reicher Mann wollte den ‚Taj Mahal' vor vielen Jahren kaufen, erzählen sich die Bewohner Agras. Ein paar Inder haben das ausgenutzt und ihn für einen wahnsinnigen Preis verscherbelt. Was ich mir gut vorstellen kann, hier versuchen sie alles zu Geld zu machen. Mehrere Millionen waren da im Spiel, und wir rechnen hier nicht in Rupien! Und als der Mann seinen Kauf beim Staat einfordern wollte, lachten die Staatsmänner ihn aus, da er auf Betrüger hereingefallen war und niemand in diesem Land je auf die Idee käme, ein Wunder wie dieses zu verkaufen. Vielleicht ist es nur eine Legende, wer weiß? Es könnte aber auch wirklich passiert sein…

Ich habe hier ein nettes indischen Pärchen kennengelernt, mit denen ich mir die Räumlichkeiten angesehen habe und aus dem Staunen nicht mehr herauskam. Zudem wurden gefühlt tausend Fotos mit verschiedenen Indern, Gruppen oder Babys in meinem Arm geschossen, bei denen ich mich zwischendurch fragte, was auf dem Bild mehr Priorität hat: Ich oder der ‚Taj Mahal'? Das Lächeln fror mir förmlich auf dem Gesicht ein, während ich ein Foto nach dem anderen machte, und ich war sichtlich verblüfft, als ich immer noch künstlich grinsend auf einer Bank vorm ‚Taj Mahal' saß und mich ein Mann etwas empört ansah und fragte, ob ich aus dem Bild gehen könnte, weil er gerne den ‚Taj Mahal' fotografieren würde. „Ach so, Sie wollen kein Foto mit mir?" Entwisch es mir verwundet. Das war fast unmöglich, eigentlich war ich längst Teil dieser Kulisse geworden.

Jetzt relaxe ich noch etwas, im Schatten der kleinen Bäume, die hier stehen, und bald geht es schon zurück nach Delhi!

*

Es ist fast zwei Uhr mittags und ich versuche die letzten Stunden, bis mein Bus nach Delhi abfährt, hinter mich zu bekommen. Ein junger Rikscha Fahrer, eigentlich ist er noch ein Kind, versucht mich zu überreden, mit ihm mitzufahren, doch ich will mich nur ausruhen, weshalb ich sein Angebot, mir eine Rund-Tour für nur fünf Rupien zu geben, ausschlage. Eben hat er zwei neue Opfer gefunden, doch scheinbar haben sie auch kein Interesse... Er kehrt zurück.

Ich war eben in einem Internetcafé. Doch das Internet war so langsam und die Verbindung brach immer ab, so dass es sich nicht rentierte, mehr Zeit dort zu verbringen... Ich brauchte fünf Minuten, um eine Seite aufzurufen und wenn ich Pech hatte, ging schon beim nächsten Klick nichts mehr.

*

So vorhin hat mich der Tucktuck-Fahrer Ravi für einen unverschämt hohen Preis zu diesem seltsamen Reisebüro gefahren, wo ich ungefähr drei Stunden mit einem ekelhaften, dicken Mann vor massenhaft Kühen saß, die auf der anderen Straßenseite weideten, und nicht wusste, was ich hier sollte. Es machte mich wahnsinnig nichts anderes tun zu können, als diesen Tieren beim Fressen und Kacken zu zuschauen, und das wohlgemerkt stundenlang! Es ist nicht so, dass ich Kühe nicht mag, aber ich hatte das Gefühl, ich war hier einer mir unbekannten Foltermethode ausgesetzt, die so langsam ihre Wirkung zeigte!

Hinzu kam, dass meine Nerven bald mit mir durchgehen würden! Ehrlich gesagt, war ich kurz davor schreiend wegzurennen oder anzufangen zu weinen, da ich mir sicher war, dass man mich hier mit der untergehenden Sonne ausrauben und vergewaltigen wollten. Ich hatte selten so viele unsympathische, übergewichtige, auf den Boden spuckende Männer auf einmal gesehen, die mir konstant suspekte Blicke zu warfen. Doch ich konnte nicht weg, denn ich war auf die Hilfe genau dieser Männer angewiesen und ich wusste, dass sie das schamlos ausnutzen würden, was die Situation nicht verbesserte.

Jetzt kann ich zum Glück sagen, dass meine Fantasie in dem Moment mit mir durchgegangen ist. Trotzdem war die Situation meiner Meinung nach ziemlich bedrohlich gewesen. Meine Nervosität war so stark, dass ich noch die ganze Busfahrt über panische Angst hatte, dass ich in Delhi ohne Gepäck ankäme, da auch die Situation im Bus mir seltsam vorkam. Ein Freund des fettleibigen Mannes hatte mich nach diesen sich wie Kaugummi in die Länge ziehenden drei Stunden in einem kleinen Auto abgeholt, das seltsame Geräusche von sich gab, dafür wollte er natürlich Geld. Es wundert mich, dass der dicke Mann für die Kuhbeobachtung nichts von mir verlangt hatte. Und jetzt sitze ich – wie schon erwähnt – in diesem Bus und rede mir ein, dass es gar nicht schlimm wäre, wenn ich mein Gepäck nie wieder zurückbekäme, da ich kein materialistischer Mensch bin, weshalb ich auch ohne mein ganzes Hab und Gut nach Deutschland zurückfliegen könnte. Noch ein paar weitere Stunden und es gelingt mir vielleicht, mich von dieser Tatsache selbst zu überzeugen.

Im Bus kannten mich die meisten Inder, weil sie mich zuvor im ‚Taj Mahal' gesehen hatten, vielleicht sogar Fotos mit mir geschossen hatten, ich erinnerte mich an keinen von ihnen. Aber sie redeten mit mir, als wäre ich eine alte Bekannte. Das beruhigte mich etwas.

*

Nach fünf langen Stunden, erneut hatten mir die Männer im Reisebüro nur drei versprochen, kam ich endlich in Neu-Delhi an. Meine Koffer wurden mir widererwartend übergeben. Es stellte sich jedoch als schwierig heraus, Casper, Mohammed und Ana zu finden, mit denen ich mich in der Hauptstadt treffen wollte, um meine letzten Tage dort mit ihnen zu verbringen. Ich irrte lange zwischen den Bussen umher, bis wir uns endlich in die Arme schließen konnten.

Du kannst Dir nicht vorstellen, wie glücklich ich jetzt bin, in einem Bett zu liegen. Übrigens haben wir vor einer knappen halben Stunde den Vermieter des Austauschstudenten-Hauses in Neu-Delhi getroffen, der war zufälligerweise auch samstags in Agra gewesen und hatte den ‚Taj Mahal' besucht, wo er mich gesehen hatte und sich deshalb sofort an mich erinnerte. Meine Verblüffung war groß, es kommt mir so vor, als wüsste nicht nur DJ sondern ganz Indien immer genau, wo ich mich befinde.

Sonntag, 13. Februar, Neu-Delhi

Es war ein aufregender Tag heute mit Mohammed, Casper und Ana und ich kann immer noch nicht fassen, dass es zugleich auch mein letzter Tag im schönen Indien war.

*

Gestern als wir ankamen, waren wir hin und weg, dass es in dem Apartment halbwegs normale Duschen mit heißem Wasser gab, das war beeindruckend! Zudem hatten die Austauschstudenten einen echten Kühlschrank in ihrer Wohnung. Wieso sie trotzdem über die hygienischen Zustände klagten und den fehlenden Luxus bemängelten, verstanden wir nicht! Für uns hatte diese Wohnung fast schon europäischen Standard.

*

Nun aber zu heute: Der Tag war aufregend, aber ich glaube, hier in Neu-Delhi gibt es keinen Tag ohne Aufregung und Chaos. Immerhin befinden wir uns in der Hauptstadt Indiens, wie sollte es gerade dort anders sein?

Wir standen relativ früh auf, um unseren kurzen Aufenthalt voll und ganz auszukosten. Zuerst besuchten wir den ,Lotustempel', der Ähnlichkeiten mit einem riesigen UFO hat. Hinein gingen wir nicht, da uns die Schlange zu lange war, aber wir machten lustige Fotos davor. Besonders amüsant war es für uns, wenn Mohammed die Inder fragte, ob sie ein Foto mit uns allen zusammen machen könnten. Da er Ägypter ist, aber von den Indern immer für einen Landsmann gehalten wird, schossen sie alle Fotos, so dass wir perfekt darauf zu erkennen waren, aber der ‚Lotustempel' nicht zu sehen war. Scheinbar dachten sie, Mohammed wollte wie viele andere Inder, nur mit Ana und mir Fotos machen und der ‚Lotustempel' wäre nicht weiter interessant für ihn, was nicht der Fall war! Nach vielen verunglückten Fotos trafen wir auf andere Ausländer und erst da gelang es uns, ein Foto von uns machen zu lassen, auf dem sowohl wir als auch der Tempel gut zu sehen waren.

Danach aßen wir im Stadtzentrum, das fast europäisch hätte sein können. Unsere Mittagspause verbrachten wir in einem grünen Park, in dem wir keine Fotos schießen durften, wieso es dieses Verbot gab, hatte niemand verstanden, da es kein außergewöhnlicher Park war. Natürlich hielten wir uns nicht an diese Vorschrift und hatten viel Spaß dabei, uns über diese neue Regel hinwegzusetzen. Nach einer guten Stunde Pause ging die Reise weiter. Wir landeten nach einer chaotischen Tour durch das überdimensionale Neu-Delhi auf einem großen Markt, auf dem es ein unglaubliches Menschengedränge gab, doch wir wollten unbedingt zur Moschee am anderen Ende des Platzes, also kämpften wir uns durch. Ich glaube, man konnte alles, was das Herz begehrte auf diesem riesigen Markt kaufen. Er war beeindruckend!

Auf der Hälfte des Weges wurde unsere Aufmerksamkeit von etwas anderem in Anspruch genommen: Etwas Abseits kämpften einige dünne Männer, nackt bis auf die Unterhose, gegeneinander. Wir wohnten fasziniert diesem ungewöhnlichen Ereignis bei, bis mir plötzlich Casper seine Weste förmlich aufdrängte. Da heute ein angenehm warmer Tag war, trug ich, das erste Mal seit ich hier bin, nur ein T-Shirt. Jedoch war mir nicht bewusst, dass Ana und ich die einzigen Frauen in dieser Runde waren und ich aufgrund meines T-Shirts und meiner weißen Haut alle Blicke auf mich zog. Als mir das klar wurde, zog ich schnell Caspers Weste an, stülpte mir die Kapuze über den Kopf und hielt mich in seiner Nähe auf, in der Hoffnung nicht mehr aufzufallen. Wir waren uns nämlich nicht sicher, ob es Frauen erlaubt war, diesen seltsamen Kampf zu beobachten. Vielleicht käme ich dafür sogar ins Gefängnis. Wer weiß? Da morgen mein Flieger geht, wollte ich das verständlicherweise unter allen Umständen vermeiden. Abgesehen davon glaube ich nicht, dass indische Gefängnisse komfortable sind… Diese Erfahrung brauche ich bestimmt nicht in meinem Leben!

Der Kampf war seltsam, obwohl ich einiges von den Indern gewohnt bin und mich so schnell nichts mehr verblüfft. Die Männer warfen sich gegenseitig in den Dreck und es erinnerte mich an Sumo-Ringen, bezüglich der Klamotten und wie sie kämpften, nur dass die Menschen hier, viel dünner waren. Nach einiger Zeit nahm einer der Männer seinen Kampfpartner im Schritt und rammte ihn kopfüber in den Boden… Es waren befremdliche Ereignisse, die sich vor unseren Augen abspielten! Sowohl der Griff als auch der harte Kontakt mit dem Boden müssen schmerzhaft gewesen sein. Nach zehn Minuten hatten wir uns zwar noch nicht satt gesehen, doch machten wir uns, da wir immer mehr Aufmerksamkeit erregten und die Leute sich immer öfters nach mir umdrehten, weiter auf den Weg Richtung Moschee, wo wir uns erneut durch eine riesige Menschenmenge durchkämpften.

Als wir gerade dabei waren, die Treppen der Moschee zu erklimmen und hinter uns blickten, um die großen Menschenmassen zu sehen, an denen wir uns vorbeigeschlängelt hatten, erkannten wir etwas weiteres Schockierendes. Auf einer Anhöhe saßen einige Bettler, doch es waren keine normalen

Bettler, sie hatten Krankheiten, die so grausam waren, dass ich niemals gedacht hätte, dass Derartiges existiert. Einer von ihnen hatte Elefantenfüße, sein Unterkörper war so breit, dass es schien, als hätte ihn jemand an den Oberkörper angenäht, da er so gar nicht dazu passte. Ein anderer hatte gar keinen Unterkörper und vor ihm lag ein totes Schwein, aus dem er für Geld anderen Menschen Wasser zapfte, wie das technisch möglich war, kann ich mir nicht erklären. Und ob das hygienisch so sinnvoll ist, wage ich zu bezweifeln. Eine andere Frau war so dick und klein, dass sie sich kaum bewegen konnte. Es war ein grausamer Anblick, wir hielten ihm nur wenige Sekunden stand, dann mussten wir uns wegdrehen, weil es innerlich wehtat, wie schlecht das Schicksal es mit diesen armen Menschen gemeint hat… Ich hatte einen Kloß im Hals und Mühe, meine Tränen zurückzuhalten. Wir nehmen unser glückliches Leben so hin und beschweren uns über Kleinigkeiten, ohne daran zu denken, dass all das nur Banalitäten sind und dass manche Menschen nicht einmal das haben, was wir als normal ansehen.

Als wir endlich alle Stufen der Moschee erklommen hatten, mussten wir feststellen, dass wir sie nicht betreten durften. Wieso? Frauen dürfen nach Sonnenuntergang nicht mehr in die heiligen Hallen… So ganz verstanden wir es nicht, denn es war erst halb drei, aber da sich die Sonne hinter den Wolken versteckte, ließen die Aufpasser uns nicht eintreten. Keine Sonne bedeutet wohl so viel wie nach Sonnenuntergang, egal wie viel Uhr es ist. Nach einem Blick auf das ‚Agra Fort' ganz in der Nähe machten wir uns auf den Heimweg.

Ana und ich wollten abends noch ein Bier trinken, doch sonntags nach acht Uhr findest Du in Neu-Delhi, der Hauptstadt Indiens, keinen Platz mehr, an dem Alkohol verkauft wird, zumindest wir schafften es nicht, einen ausfindig zu machen. Verrückt, dieses Land!

Montag, 14. Februar, im Flugzeug nach Deutschland

Ich sitze im Flugzeug! Unfassbar, dass diese sechs Wochen so schnell vorbei gegangen sind! Ich erinnere mich noch, wie ich Anfang Januar nicht ahnend, was auf mich zukäme, im Flugzeug nach Neu-Delhi saß, und jetzt bin ich schon wieder auf dem Rückweg!

Die Zeit vergeht so unglaublich schnell, aber es ist auch gut so! Ich freue mich, zurück nach Deutschland zu kommen. Ich habe hier so wunderbare Dinge gesehen, so viel Neues gelernt, so viele wahnsinnig interessante Erfahrungen gemacht und werde die Menschen hier und Indien selbst sehr vermissen. Aber ich muss all diese Eindrücke erst einmal verdauen, denn ich habe innerhalb dieser kurzen Zeit auch Deutschland schätzen gelernt und erkannt, dass ich, egal, wie schön Indien sein kann, in manchen Ländern nicht für immer leben könnte. Ich bin glücklich über die unbegrenzten Möglichkeiten, die ich Zuhause habe, und werde meinen hohen Lebensstandard nicht mehr als völlig normal hinnehmen! Wie könnte ich das nach der Armut, die ich tagtäglich hier gesehen habe?

Aber zugleich habe ich gelernt, dass mich sehr kleine Sachen glücklich machen können und dass ich es immer sehr einfach in meinem Leben hatte, nie wirklich um etwas kämpfen musste, da mir alles immer auf dem goldenen Tablett serviert wurde. Trotzdem brauche ich jetzt etwas Urlaub von dem Trip! Ich fühle mich erschöpft. Die Uni wird ein Kinderspiel sein, nach alldem was mir die letzten Wochen passiert ist. Indien war oft sehr anstrengend, zumindest für mich als Europäerin, die noch nie zuvor eine solche Erfahrung gemacht hatte, und das in allen Lebensbereichen: Von den Transportmitteln über die tägliche Hygiene, die Mentalität der Inder, bis hin zum Wetter, das aufgrund mangelnder Fenster immer präsent war.

Es wird ein unglaubliches Gefühl sein, wieder in meinem großen Bett zu liegen, wahrscheinlich werde ich mich dort einsam fühlen, so ganz ohne zwei oder drei andere Personen, die nahe an mich gekuschelt schlafen. Einen frischen Bettbezug zu haben und eine saubere Dusche mit heißem Wasser ist mein größter Traum. Es erscheint mir immer noch ein Wunder, nicht vorstellbar, dass mich all diese Dinge in den nächsten Stunden in Deutschland erwarten, als wäre es nie anders gewesen, als wäre ich nie weg gewesen! Das Leben ist manchmal schon verrückt, nicht?

Zu heute Morgen: Ich hatte die letzten Tage etwas Geld gespart, da ich keine Lust hatte, zu viel indisches Geld mit nach Hause zu nehmen oder im letzten Moment noch ein paar Rupien, was umgerechnet maximal fünf oder sechs Euro wären, am Bankautomaten zu ziehen und dafür vier Euro Auslandsgebühren zu bezahlen. Also hatte ich alles bis auf die letzte Sekunde geplant. Das sollte man in Indien nicht machen! Als hätte ich hier in den letzten sechs Wochen nichts gelernt…

Die Auskunft sagte mir am Telefon, dass der Flughafen 23 Kilometer von meinem Apartment entfernt sei und das Taxi pro Kilometer 20 Rupien verlangen würde, also insgesamt 460 Rupien. Ich hatte noch 540 Rupien in meinem Geldbeutel, es hätte also reichen müssen. Einen Puffer von 80 Rupien fand ich ausreichend. Trotzdem schaute ich während der Fahrt die ganze Zeit nervös auf den Tacho des Taxifahrers und ich glaube, einmal hat der Fahrer ihn höhergestellt, denn plötzlich stieg der Preis deutlich. Aus diesem Grund starrte ich die letzten Kilometer wie gebannt auf die Anzeige, in der Hoffnung, mein Geld würde noch ausreichen. Doch es war nicht so…

480-500-520-540-560-580! Und erst jetzt blieben wir stehen. Auch wenn ich stark davon ausging, dass er den Preis teurer gemacht hatte, tat es mir leid, dass ich nicht mehr Geld bei mir hatte, und weit und breit war kein Geldautomat in Sicht. Ich kratzte den letzten Cent aus meinem Geldbeutel zusammen. Gab dem Taxifahrer sogar zwanzig schottische Pfund, die mein Vater mir einmal gegeben hatte, behauptete, es wären englische Pfund, die Währung meiner angeblichen Heimat und gut 150 Rupien wert. Ich hatte noch nie so gut gelogen, also hatte ich mir in den letzten Wochen doch etwas von den indischen Verkäufern abschauen können. Er glaubte es mir, obwohl ich nicht den blassesten Schimmer hatte, wie viel zwanzig Pfund aus Schottland in Rupien wert waren, bestimmt jedoch um einiges mehr als das, was ich ihm schuldete! Aber ich wusste nicht einmal, ob er sie in Indien wechseln lassen konnte. Als weiteres Extra schenkte ich ihm noch meinen Donut, den mir Ana morgens als Verpflegung mitgegeben hatte und es tat mir immer noch leid, obwohl ich mir sicher war, dass ich die war, die reingelegt wurde…

Als ich das Flughafengebäude betrat, hatte ich keinerlei Geld mehr und auch kein Essen. Zum Glück fielen keine weiteren Gebühren an und im Flugzeug gab es bald eine Mahlzeit. Als ich mein letztes Chapati zu mir nahm und eine Tasse Chai dazu trank, wurde ich fast melancholisch… Irgendwie werde ich Indien vermissen! Auf seine ganz eigene Art und Weise war es eine wunderschöne Zeit!

Montag, 21. Februar, Deutschland

Seit einer Woche bin ich wieder in Deutschland und immer noch erschöpft von meiner aufregenden Reise. Mein erstes Bad genoss ich aus ganzem Herzen, ich glaube, ich habe nie in meinem Leben so viel Freude daran gefunden, in einem Schaumbad zu liegen, keine Flip-Flops aus hygienischen Gründen tragen zu müssen, und das heiße Wasser aus der Leitung laufen zu sehen, ohne es vorher kochen zu müssen, mit kaltem Wasser zu vermischen und über meinen Kopf zu schütten, während ich frierend in einem kleinen, kalten Badezimmer stand. Ja, es ist wie im Paradies! Aber stell Dir vor: Heute hat es angefangen zu schneien und die Heizung ist überraschenderweise bei uns ausgefallen. Es scheint, als hätte ich ein wenig Indien mit zu mir nach Hause genommen.

Die ersten Fleischspeisen waren wunderbar, wie auch die Schokolade! Oh mein Gott, wie sehr habe ich deutsche Schokolade wie auch Schweine- und Rindfleisch vermisst. Am Ende konnte ich kein Hühnchen mehr sehen, das war schon kein richtiges Fleisch mehr für mich! Stell Dir vor, ich habe innerhalb der letzten sieben Tage gut zwei Kilo zugenommen. Abgenommen hatte ich in Indien trotz Phasen des Hungers nicht. Mum hatte mich immer hervorragend versorgt und behütet, aber die deutsche Küche, ach, ist die gut! Ich habe mich noch nie zuvor so nach deutscher Kost gesehnt!

Meine Freunde hatte ich überrascht, sie dachten alle, ich würde erst heute kommen. Meinem besten Freund erzählte ich sogar, ich würde ein halbes Jahr länger in Indien bleiben, worüber er sich nicht sonderlich gefreut hatte. Die Überraschung war umso größer, als ich plötzlich vor seiner Tür stand. Keiner wusste, dass ich früher zurückkäme, außer meiner Familie und die war froh darüber!

Doch auch wenn ich nicht glaube, dass ich Indien so schnell vergessen werde, sorgen meine ,neuen indischen Freunde' dafür, dass mir dieses Land und seine verrückten Menschen noch lange in Erinnerung bleiben. Wieso? Ich habe gefühlt tausend Freundschaftsanfragen in den sozialen Netzwerken. Nein, Du hast Recht, so viele Menschen kann ich dort nicht kennengelernt haben. Habe ich auch nicht! Häufig sind bei den Freundschaftsanfragen noch Nachrichten dabei, welche diesen Laut haben, in verschiedenen Variationen: „Guten Tag, Madame, von meiner Schwester deren beste Freundin hat einen Bruder, welcher Deutsch-/Spanischunterricht bei Ihnen hatte. Ich würde mich freuen, wenn Sie meine Freundin wären!". Zudem schreiben mich permanent Inder an, das Gespräch sieht dabei folgendermaßen aus: Er: „Hi". Ich: „Hi". Er: „How are you doing?". Ich: „I'm fine, thank you! How are you?" Er: „I'm fine. Thank you!" Und das passiert jedes Mal, wenn ich online gehe, bei ungefähr zwanzig Leuten. Verrückte Welt! Und gleichzeitig vermisse ich sie!

Rückblick im Jahr 2022

Es sind über zehn Jahre vergangen, seit ich durch das schöne, beeindruckende und wunderbare Indien gereist bin. Bis heute erscheinen mir diese sechs Wochen surreal und anspruchsvoll. Zugleich empfinde ich aber auch eine Leichtigkeit und das Gefühl von Freiheit, welches ich auf diese Art in Deutschland nicht mehr erlebt habe.

Diese Unbekümmertheit wünschte ich mir vor allem an schwierigen Tagen in der Pandemie, in der Einschränkungen alltäglich waren und sind, sehnsüchtig zurück. Auch wenn Indien in den letzten Monaten dafür nicht der richtige Ort gewesen wäre, da das Land und seine Bewohner stark unter Covid litten. Ich hoffe sehr, dass die Menschen, die ich in mein Herz geschlossen habe, bald bessere Zeiten erleben können.

Seit meiner Rückkehr ist in meiner einstigen Familie viel passiert! Mit DJ ist der Kontakt glücklicherweise nie abgebrochen, auch wenn er nicht mehr intensiv ist. Mum und Dad sind leider vor einiger Zeit verstorben wie auch mein hübsches Kätzchen. Zudem ist in DJs Leben viel geschehen. Er sollte vor einigen Jahren eine in Kanada lebende Inderin heiraten, die er nicht kannte. Ich war bereits zu seiner Hochzeit nach Jalandhar eingeladen, als er sich spontan dagegen entschied. Denn er wollte nicht dem Willen seiner Eltern, sondern seinem Herzen folgen. Es war eine gute Entscheidung. Denn DJ hat nun mit dreißig Jahren eine Frau gefunden, die er heiraten möchte und umgekehrt. Es gibt also durchaus Liebesehen in Indien und nicht alles ist schwarz oder weiß, auch wenn es das häufig für Außenstehende scheint. Genau deshalb hoffe ich, dass es mir gelungen ist, in meinem Reisetagebuch auf die zahlreichen Grautöne aufmerksam zu machen.

Doch auch wenn er diese freie Entscheidung dank dem Rückhalt seiner Familie treffen konnte, ist das Leben in Indien nicht leicht. Zwangsehen sind häufig. In vielen Bereichen des Lebens werden Frauen unterdrückt und haben kaum Rechte! Es ist ein Land, in dem viele Menschen unter ärmlichen Bedingungen leben und in dem wenig sexuelle Freiheit existiert. Das sind nur einige gravierende Probleme. Es gibt zahlreiche Weitere.

Auch wenn ich die wunderschönen Facetten des Landes kennen und lieben gelernt habe, habe ich genauso diese dunklen Seiten gesehen. Und mir ist klar, dass das Land vor Herausforderungen steht, die so schnell nicht bewältigt werden können! Trotz der regelmäßigen negativen Nachrichten bleibt nach all den Jahren, wenn ich an Indien denke, vor allem das Gefühl von Sehnsucht. Ich erinnere mich bis heute gerne an meinen Aufenthalt, an die Menschen, die ich dort traf, an die Herzlichkeit, die ich in dieser Zeit erlebte, und an die wunderschönen Orte und Landschaften, die ich täglich sah. Und hinter all diesen Eindrücken verblassen das Schlechte und die Gesellschaftskritik, die eine neutrale Person zwangsläufig ausüben muss. Und ich denke: Indien ist schön!

Manchmal träume ich mich zurück an diesen Ort, mit meinem Mann an der Seite, da das Reisen auf diese Weise leichter wäre. Denn nie bereute ich, mich für Indien entschieden zu haben und würde wieder dorthin zurückkehren, um das Leben dort neu erleben zu dürfen und meinen Blick zu weiten für so viel Wichtiges im Leben! Dieses Mal vorbereiteter, schließlich bin ich keine 21 mehr... Aber ich bin mir sicher, dass

‚Incredible India' auch bei meiner Rückkehr viele Überraschungen und wunderbare Erlebnisse für mich bereithält.

Mein Reiseresümee lautet, dass ich sehr froh bin, dass ich ein Praktikum in Indien gemacht habe, um ein neues Leben kennenzulernen, mein eigenes zu hinterfragen und das Alltägliche nicht mehr als selbstverständlich hinzunehmen. Dadurch konnte ich sehen, wie gut es mir geht, wie einfach ich und viele andere es in Deutschland haben. Zugleich konnte ich erkennen, dass ich mich über Dinge freuen kann, die man in Deutschland als normal wahrnimmt, und auch mit wenigem glücklich bin. Mein Indienaufenthalt hat mit Sicherheit meinen Wunsch weiter zu reisen geschürt und mich darin bestärkt, dass Ereignisse und Momente wichtiger sind als Gegenstände und Marken.

Bis heute bin ich dankbar für diese wertvolle Erfahrung und dass ich vor über zehn Jahren durch Zufall nach Indien kam.